Pequeno livro de

DECORAÇÃO

Guia para toda hora

Revisado conforme o novo acordo ortográfico

CIP-BRASIL. CATALOGAÇÃO NA FONTE
SINDICATO NACIONAL DOS EDITORES DE LIVROS, RJ

H558p

Hipólito, Elaine
  Pequeno livro de decoração : guia para toda hora / Elaine Hipólito. - 1.ed. - Campinas, SP : Verus, 2012.
   il.

  ISBN 978-85-7686-186-7

  1. Decoração de interiores. I. Título.

12-2581
CDD: 747
CDU: 747

Elaine Hipólito

Pequeno livro de
DECORAÇÃO

Guia para toda hora

1ª edição

Rio de Janeiro-RJ / Campinas-SP, 2012

Editora
Raïssa Castro

Coordenadora Editorial
Ana Paula Gomes

Copidesque e Revisão
Ana Paula Gomes

Capa & Projeto Gráfico
André S. Tavares da Silva

Diagramação
José Severino Ribeiro (DPG Editora)

ISBN: 978-85-7686-186-7

© 2012 Verus Editora

Todos os direitos reservados.
Nenhuma parte desta obra pode ser reproduzida ou transmitida por qualquer forma e/ou quaisquer meios (eletrônico ou mecânico, incluindo fotocópia e gravação) ou arquivada em qualquer sistema ou banco de dados sem permissão escrita da editora.

VERUS EDITORA LTDA.
Rua Benedicto Aristides Ribeiro, 55
Jd. Santa Genebra II - 13084-753
Campinas/SP - Brasil
Fone/Fax: (19) 3249-0001
www.veruseditora.com.br

Agradecimentos

Quero agradecer a Deus por ter me concedido a oportunidade de trabalhar com decoração. E a todos que estiveram comigo durante estes anos, com quem muito aprendi.

SUMÁRIO

Introdução 11

1 Reconhecendo gostos e necessidades........... 17

2 Medidas e proporções............................. 20

3 Arte.. 24

4 Da cabeça para o papel 28

5 Começando 32

6 Planejando os ambientes 37
   Hall.. 37

Living.. 40
Sala de jantar................................. 45
Escritório e biblioteca..................... 48
Lavabo... 49
Quarto do casal.............................. 53
Quarto de solteiro masculino 56
Quarto de solteiro feminino 58
Quarto do bebê.............................. 59
Closet e guarda-roupa 62
Banheiro 65
Cozinha 71
   Triangulação........................... 76
   Dicas para a cozinha 78
Sala de almoço/Copa...................... 82
Área de serviço 84
Lareira... 87
Adega.. 91
Churrasqueira/Varanda gourmet 94

7 Paredes e outras superfícies 97
  Cores 97
    Características 99
    Significados 100
  Pinturas decorativas 103
    Broken colour (texturização) 105
  Papéis de parede 112
  Tecidos 113
  Adesivos decorativos 115
  Tijolos aparentes 118
  Quadros 120
    Como dispor os quadros 123
    Técnicas e objetos 127
    Cuidados com o ambiente 128
  Cortinas 130

8 Piso 138
  Revestimentos 138
  Tapetes 147

9 Móveis 155
  Mobiliário brasileiro 157
  Estilos 163
  Objetos 168
  Antiguidades 170
  Mesas decoradas 173

10 Iluminação 176
  Dicas 178

Bibliografia 185

Glossário 186

INTRODUÇÃO

A decoração, ou design de interiores, sempre esteve presente, de maneira direta ou indireta, na minha vida. Quando eu era pequena, meu pai contratou decoradoras para fazer a ambientação da nossa casa. Elas cuidaram de tudo e, quando cheguei em casa depois de um almoço com amigos, a nova decoração estava pronta. Foi uma verdadeira surpresa – eram ambientes de sonho. Nunca me esqueço dos olhos do meu pai fixos em cada detalhe.

Na minha infância também aflorou o gosto pelo desenho, que ficou mais exacerbado na época escolar. Eu vivia com papel e lápis nas mãos e reproduzia tudo que via. Quando as garrafas de refrigerante traziam nas tampinhas os personagens da Disney, lá ia eu recriá-los em papel sulfite.

Com o passar do tempo, quis o destino me levar para a revista *Casa e Jardim*, depois que concluí a faculdade de jornalismo. Foi lá que publiquei meus primeiros escritos sobre o assunto. Mais tarde, cursei design de interiores na Escola Panamericana de Arte e Design e estudei pintura a óleo com o artista plástico Fang.

Após uma etapa difícil na minha vida, ingressei na Faculdade de Arquitetura e Urbanismo da USP para fazer pós-graduação. Lá ficou clara a vontade de escrever um livro sobre design, mas quis o destino que esta pequena obra sobre decoração ganhasse forma primeiro.

Certa vez li que o design de interiores existe desde que o homem da pré-história enfeitou com desenhos e pinturas as paredes de pedra de sua habitação. E o mais interessante, dentro desse raciocínio, é que até hoje o homem, "modernizado", conserva em si a necessidade do belo e continua repetindo o mesmo ato.

Entender isso não é tão simples, mas, pensando em termos psicológicos, a seguinte frase é bastante verdadeira e eficaz para essa compreensão: "Não existe nada melhor do que desfrutar do ambiente em que se vive". Trata-se de uma sensação primordial e insubstituível.

Nosso entorno é o reflexo da nossa história de vida. O simples olhar para a natureza já diz muito – nela estão cores, formas e materiais, ou seja, informações que você pode trazer para dentro de casa.

Além de trazer conhecimentos específicos, estudar design de interiores abre um horizonte infinito em direção a todas as artes. E a pretensão deste pequeno livro é mostrar que decorar sua casa pode ser mais simples do que você imagina. Bastam alguns conhecimentos, planejamento, determinação e muitas escolhas que você mesmo poderá e deverá fazer. Outro objetivo é mostrar como o universo do designer de interiores é vasto e quantas são as possibilidades a ser exploradas por esse profissional.

Eis alguns assuntos abordados no *Pequeno livro de decoração*: estilo, cor, equilíbrio, proporção, tratamento de paredes, pisos e tetos. Você ainda vai descobrir o uso mais harmonioso de papéis, tecidos, obras de arte, peças de design e antiguidades, além de receber dicas bem fáceis de ser postas em prática e que poderão lhe abrir uma nova perspectiva de realização pessoal dentro do universo da decoração.

A minha sugestão é que você saboreie intensamente as próximas páginas e mergulhe no mundo da decoração, a ponto de um dia – quem sabe? – querer se transformar em um profissional da área.

Boa leitura!

1
RECONHECENDO GOSTOS E NECESSIDADES

O processo de criação de um ambiente é bem amplo. Muito do que se faz é desenvolvido a partir das ideias que você já carrega. Trata-se da sua vivência em família, com amigos, no aproveitamento do conteúdo de revistas, livros, filmes, peças de teatro, viagens. Na hora em que você está decorando, surge uma ideia para compor o ambiente. Ela já estava armazenada em sua mente e aflorou naquele momento para integrar a configuração do espaço. Por exemplo, talvez você tenha assistido a um filme e amado ver uma coleção de pratos disposta na parede da sala de jantar em uma das cenas. A essa ideia, outras podem ser aliadas, e assim a decoração vai tomando forma.

Nos próximos capítulos deste pequeno livro, você vai ter acesso a informações que parecem simples, mas são de muita valia para ajudá-lo a encontrar novos caminhos e ter um bom resultado final na decoração da sua casa. Mas, antes, siga algumas dicas.

Por exemplo, quando o assunto é o quarto do filho, é de suma importância saber o que o garoto espera, quais são seus gostos, sua personalidade. No dormitório do casal, deixe-se sensibilizar pelos anseios de seu parceiro também. Afinal, ambos vão utilizar o espaço.

Para facilitar a tarefa de percepção de cada ambiente, considere questões como:

- pessoas envolvidas no projeto, quem ocupa e quem pode vir a ocupar o espaço;
- faixa etária dos moradores;
- altura dos moradores, para que o dimensionamento do mobiliário seja desenvolvido de acordo;
- atividades dos moradores, para dar mais personalidade ao espaço;
- o que será mantido no ambiente (peças de valor afetivo, móveis que podem ser aproveitados, reformados etc.);
- o que deve ser alterado por completo;
- *hobbies*, esportes, cores preferidas e estilo de vida dos moradores.

Na sua casa, a vantagem é que você já conhece bem os moradores, mas nunca é demais ouvir e levar em conta o que eles querem, além do que você também quer, para que os ambientes tenham a cara de quem os habita.

2
MEDIDAS E PROPORÇÕES

Os móveis e objetos de um ambiente devem ser proporcionais às medidas do espaço (altura, largura e comprimento), assim como também deve haver harmonia de proporções entre os objetos que ali estão.

Quando o conjunto está em equilíbrio, nada destoa. Nada parece muito alto ou muito baixo, nem muito largo ou muito estreito. O observador não tem a sensação de excesso ou de falta. Por exemplo, se você colocar os móveis apenas de um lado do ambiente, quem estiver ali vai ter uma sensação de desequilíbrio, de que algo está descompensado. Outro exemplo: a cadeira precisa ter equilíbrio entre braços, encosto, assento e pés.

A composição, decoração ou design de interiores de um ambiente assemelha-se ao desenvolvimento de uma pintura. Tanto a decoração quanto a pintura se baseiam no equilíbrio de linhas, na proporção de massas (os componentes de um ambiente), na harmonia de motivos e cores e no equilíbrio do conjunto.

Do ponto de vista da decoração, linhas horizontais, verticais ou inclinadas podem proporcionar sensações de acordo com suas formas. A linha curva é essencialmente feminina, delicada e confere leveza ao espaço. A linha reta é rígida, austera e, na horizontal, oferece a sensação de tranquilidade. A vertical é firme e impõe superioridade.

É capaz de aumentar a percepção da altura dos ambientes. Linhas retas em móveis e objetos descansam o olhar e conferem ao espaço a sensação de sofisticação e funcionalidade.

Observe a composição de uma parede, formada por portas, janelas, lareira e outros itens arquitetônicos. É preciso notar se há firmeza de linhas, equilíbrio e proporção. O olho humano tende a se fixar numa linha e percorrê-la até o fim. Por isso, muitas linhas em várias direções criam um ambiente confuso. É importante haver equilíbrio e simetria em cada parede.

Outra dica para compor o espaço com harmonia e equilíbrio é que objetos reunidos em número ímpar são mais agradáveis de se ver do que aqueles em número par. Já o mobiliário deve estar perfeitamente de acordo com o propósito do ambiente.

Cada espaço precisa de uma certa quantidade de móveis em tamanhos diversos, para não parecer entulhado nem vazio demais. Há um lugar adequado para cada peça – é preciso experimentar até conseguir "encaixá-la" e descobrir sua localização exata.

A proporção é fundamental em qualquer trabalho de decoração. Observe bem os objetos em relação ao todo. Por exemplo: proporção entre cama e mesa de cabeceira, ou móveis altos ladeados por peças baixas. Todos os volumes devem ser distribuídos de maneira que fiquem proporcionais e equilibrados no todo.

3
ARTE

O registro da arte é muito mais antigo que o registro da história do próprio homem. Entretanto, no livro *A história da arte*, o autor E. H. Gombrich afirma: "Nada existe realmente a que se possa dar o nome Arte. Existem somente artistas". Partindo desse princípio, um bom início para conhecer a arte é estudar a obra de artistas como Michelangelo, Da Vinci, Rembrandt, Van Gogh, Paul Klee, Gustav Klimt, entre outros.

Ler livros sobre esses artistas e suas obras pode ser o início de uma longa e duradoura viagem. Revistas e *sites* especializados são ótimas ferramentas – opte por fontes confiáveis e vá em frente. Visitar mostras, galerias, exposições e feiras relacionadas ao tema vai aproximar você desse rico e fascinante universo. Certamente, passeios por esses lugares vão acabar se tornando uma deliciosa rotina na busca por informações.

Outra boa opção é visitar galerias de arte e conversar com galeristas. Em *vernissages*, você vai conhecer artistas que estão despontando e terá a oportunidade de observar trabalhos e técnicas diferenciadas.

Trata-se de uma infinita viagem por países e culturas. Depois de algum tempo, você estará com o olhar tão treinado que saberá distinguir o que é bom e o que não é, podendo aplicar esse conhecimento à decoração de sua casa.

Saiba que telas, gravuras, fotos e esculturas são todas permitidas na decoração – basta escolher de maneira correta. Quando se faz isso com propriedade, a compra de uma obra de arte pode significar também um investimento.

Aventure-se a conhecer um pouco mais sobre a arte brasileira. Ela está presente, principalmente, na arquitetura encontrada na Bahia, em Pernambuco, Minas Gerais e no Rio de Janeiro. As igrejas brasileiras são verdadeiras preciosidades. Antônio Francisco Lisboa, o Aleijadinho, é o nome de maior destaque quando o assunto é o Barroco brasileiro.

Ao se iniciar por esse caminho, tenha em mente que a trilha é longa e parece não ter fim. Aproveite para sorver cada detalhe, que pode se tornar fonte de inspiração na hora de decorar um ambiente, deixando a tarefa mais rica em cores, formas e cultura. Dessa maneira, você vai reunir na decoração de sua casa pedacinhos das experiências já vividas.

4
DA CABEÇA PARA O PAPEL

Planejar no papel é muito mais fácil do que simplesmente começar a trocar os móveis de lugar. Assim você poderá visualizar como cada ambiente vai ficar antes de comprar equipamentos, materiais, móveis e acessórios.

É importante consultar a planta do imóvel para definir, sem perigo de errar, tudo que se precisa e se quer para determinado ambiente. Assim, quando o espaço estiver pronto, não haverá a necessidade de mudar os móveis de um lado para o outro.

Na cozinha ou no banheiro, por exemplo, deslocar uma bancada de mármore ou uma banheira é algo que beira o impossível. Com a planta, o risco de errar diminui muito.

Desenhe em escala o ambiente que você pretende decorar. No quadro a seguir, cada quadrado corresponde a 25 centímetros. Quatro quadradinhos correspondem a um metro. Sobre os quadrados, desenhe as paredes da cozinha, por exemplo. Identifique as portas, as janelas e os pontos de luz, água e gás. Quanto menos esses itens forem mudados, menor será seu gasto, e o trabalho fluirá melhor e mais rapidamente.

Uma vez desenhado o ambiente com todas as marcações, identifique e posicione as peças que dependem dos pontos de luz, água e gás – ainda no exemplo da cozinha, geladeira, freezer, pia, máquina de lavar louça e fogão.

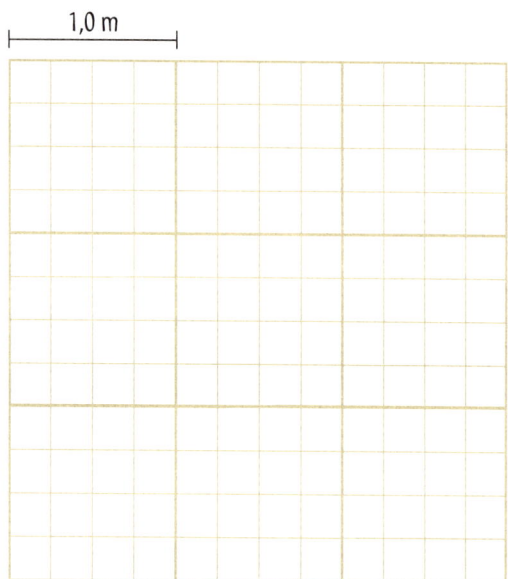

Depois disso, meça os móveis que tem e os que pretende comprar e desenhe-os também no quadro. Faça tudo a lápis, assim fica mais fácil experimentar diversas composições. Ou você pode desenhar várias vezes o mesmo ambiente, para comparar as diferentes composições possíveis.

Lembre-se: os eletrodomésticos devem ter tomadas individuais, para não correr o risco de queimarem. Ao escolher determinado equipamento, tire as medidas e transfira-as para o quadro. Assim, você vai garantir que tudo caiba no ambiente.

5
COMEÇANDO

Ninguém melhor do que você para conhecer as reais necessidades da sua casa. Porém nunca é demais conversar com cada pessoa da família para saber o que poderá ou não ser aproveitado em cada espaço. Certamente surgirão novas ideias. Pense nisso como um exercício: você terá de ouvir, ponderar e aplicar o que for decidido por toda a família.

Veja algumas dicas para começar a pôr a decoração em prática:

- **Observe os ambientes em conjunto.** Cada um deles deverá seguir padrões que, na composição do todo, resultem em uma certa unidade entre os ambientes da casa. Exemplos simples: usar maçanetas prateadas em todos os cômodos; optar por armários com linhas verticais.
- **O colorido intenso pode cansar.** Por isso, procure aplicar cores fortes apenas em detalhes.
- **O vazio torna o ambiente frio e inabitável.**
- **Escolha móveis que unam qualidade, utilidade e beleza.**
- **Se não puder ou não quiser adquirir peças de estilo autênticas** – que são muito caras –, cópias honestas podem ser uma boa escolha. Outra opção é aproveitar aquela adorada cristaleira da vovó que está esquecida na casa de algum parente. O móvel pode até ganhar uma nova função – vai depender da sua criatividade.
- **Escolha bem as cores,** não só das paredes, mas de todo o conjunto (tecidos, tapetes, acessórios etc.). É importante fazer um estudo antes de empregá-las – alguns

sites permitem que se faça uma simulação. Você pode usar tons neutros nas paredes, no teto e no piso e abusar das cores fortes nos detalhes. Vá experimentando!

- **Dispense atenção especial à iluminação.** Se preciso, contrate uma empresa especializada para fazer e executar um projeto de iluminação.
- **Os ambientes devem ter a cara dos donos.** Tudo que for empregado nessa direção terá um bom resultado – fotografias, móveis de família, peças com valor afetivo etc.
- **Arranjos florais naturais são sempre bem-vindos** e não cansam.
- **As paredes podem ser bem aproveitadas** utilizando-se armários, estantes, cantoneiras, prateleiras, nichos.
- **Usar diversos estilos na decoração pode ser interessante,** mas é preciso estudá-los bem antes de misturá-los.
- **Espelhos trazem claridade,** requinte e aumentam visualmente o ambiente. Escolha aqueles com no mínimo

seis milímetros, para evitar que as imagens sejam distorcidas.

Maçanetas, puxadores e fechaduras não devem ser esquecidos. São detalhes que podem enriquecer e dar um acabamento mais refinado aos ambientes.

Objetos pequenos podem ser agrupados por tipo (peças de prata, de cerâmica etc.), para que não fiquem entulhados ou dispersos pelo todo. Escolha bem um local para deixá-los expostos.

Não misture metais no mesmo espaço. Se tiver um abajur dourado, use a mesma cor nos puxadores dos armários e gavetas.

Procure por peças bem desenhadas e de bons materiais. Com elas, o conjunto se valoriza cada vez mais. Elas devem ser distribuídas de maneira planejada e organizada, nunca ao acaso.

Esses são alguns detalhes que devem ser observados na composição do todo. Se você aliar esses pormenores à sua criatividade, terá mais segurança para pôr suas ideias em prática. Aliás, certa vez perguntei a uma renomada arquiteta o que é criatividade. Ela respondeu: "Criatividade vem de dentro, não dá para segurar. Mesmo quando se é uma dona de casa, para fazer um simples bolo é preciso ter criatividade. Ela surge de alguma vivência e faz a diferença". Amei essa resposta.

6
PLANEJANDO OS AMBIENTES

Hall

O hall de entrada é o cartão de visitas da casa. Assim, decore-o com bom gosto, originalidade e criatividade, para dar um gostinho do que será encontrado no restante da moradia. Esse ambiente vai criar a primeira impressão sobre o gosto dos moradores.

Não esqueça que o hall de entrada é também uma passagem, que não pode ser obstruída, para não prejudicar o trânsito de pessoas.

Se o hall for muito pequeno, você pode usar como mobiliário uma cômoda, banco ou aparador, além de um espelho, para conferir sensação de amplitude.

Se o espaço for maior, é possível colocar um sofá de dois lugares ou cadeiras que combinem com os móveis do living.

Sempre que possível, deve-se ter um armário embutido no hall, assim você terá espaço de sobra para guardar o que precisar.

Se você tiver uma coleção de bengalas ou guarda-chuvas, por exemplo, coloque no hall um belo suporte antigo para acomodá-la.

Você também pode usar uma cantoneira, que ficará muito elegante aliada a enfeites como vasos de plantas e arranjos florais. Sempre prefira plantas naturais – apesar de precisarem de renovação de tempos em tempos, são muito mais agradáveis de olhar. Um paisagista poderá orientar você na escolha das plantas, para que elas se adaptem bem ao ambiente.

Escolha um bom lustre e um quadro impactante. Por ser o primeiro ambiente da casa que as pessoas veem, peças marcantes são essenciais ao hall.

No piso, opte por um revestimento bonito e marcante, como mármore ou madeira de demolição. Outra opção é repaginar o antigo piso de madeira, aplicando sobre ele uma linda pintura. Deixe a criatividade fluir.

Um tapete pode funcionar muito bem para acrescentar um toque a mais de charme ao espaço.

O hall pode ser o espaço ideal para um detalhe que funcione como arremate, por exemplo: um belo lustre, um grande vaso que não tenha muita utilidade em outro ambiente, uma escultura etc.

O hall pode ser alegre, e é um bom local para aplicar uma pintura especial, adesivo ou papel de parede.

Living

Em casarões antigos dos séculos XIX ou XX, circundados por grandes jardins e inspirados em vilas italianas ou francesas, ou mesmo em casas um pouco menores, ainda se pode encontrar um grande número de salas: de visitas, de almoço, de jantar, de música, de jogos etc. Com o tempo, e talvez pela própria frieza de se ter muitas salas – o que acabava afastando as pessoas –, as famílias foram se concentrando no living, na sala de jantar e por vezes na copa (ou sala de almoço).

Com a entrada da mulher no mercado de trabalho e a valorização do espaço, em especial nas capitais, o apartamento se tornou uma opção mais prática e interessante como moradia, e a palavra "living" (ambiente de viver ou convívio) substituiu a "sala de visitas".

Hoje, o living é o centro de tudo que acontece na moradia. Nele se recebe, ouve-se música e reflete-se a situação financeira, social e intelectual de uma família.

Se você sentir dificuldade na hora de decorar esse ambiente tão importante da casa, contrate um designer de interiores para ajudá-lo. Porém não deixe de se envolver na escolha de quadros, fotos, sofás, poltronas, tecidos, cortinas, iluminação, tapetes, enfim, todos os detalhes que vão compor e dar personalidade a esse ambiente de convívio e conforto.

Uma opção interessante é utilizar um estilo mais contemporâneo pontuado por peças antigas, como lustres, esculturas e um ou outro móvel antigo.

É possível aproveitar muito do que você acumulou ao longo dos anos, apenas atualizando peças mais desgastadas por meio de restauração, pintura especial ou outro recurso. Lance mão de seu conhecimento, imaginação e criatividade. Alguns exemplos: gaveteiro com aplicação de papel apenas na parte frontal das gavetas, móveis com tampo de mosaico etc. Peças muito antigas merecem ser apenas restauradas. Elas podem ter grande valor de mercado, mas as pessoas desconhecem. Na dúvida, consulte um antiquário (veja mais informações nas páginas 170-73).

Se a iluminação estiver focada em algum objeto central, torna-se mais difícil fazer uma readequação do espaço quando necessário. O ideal é ter pontos de luz espalhados com critério pelo ambiente, para poder dar mobilidade aos móveis.

Tons claros nas paredes dão destaque a obras de arte e outras peças. Uma parede em tom diferente das demais pode reforçar alguma ideia na decoração. Por exemplo, você pode colocar ali uma coleção antiga de espadas herdada de algum parente. Nesse caso, a ideia é reforçar valores como o afeto e a importância de a coleção ainda estar na família. Se essa for a intenção, escolha muito bem a peça ou a obra de arte que se quer destacar e a parede onde será colocada, sempre tendo em vista a harmonia do conjunto.

No piso, um tapete escolhido com cuidado cairá como uma luva. Utilize critérios como gosto pessoal, harmonia de materiais e harmonia de cores (entre tapete, piso e móveis). Se sentir dificuldade, o melhor é experimentar. Algumas lojas deixam o cliente levar a peça para casa, justamente para isso. (Veja mais informações sobre tapetes nas páginas 147-54.)

O material que vai revestir o chão também deve ser bem escolhido. Caso seja preciso retirar o tapete por alguma eventualidade, o ambiente não vai ficar tão desguarnecido. Visite lojas de materiais de construção e marmorarias para ver qual opção se encaixa melhor no seu gosto e no seu bolso. O piso do living merece um material nobre, como o mármore – mas ele estará em harmonia com o conjunto? (Veja mais informações sobre o revestimento do piso nas páginas 138-46.)

Sala de jantar

A sala de jantar muitas vezes não é usada no dia a dia pelos moradores. Para as refeições diárias, é comum usar a copa/sala de almoço ou mesmo um cantinho na própria cozinha. Assim, a sala de jantar acaba se tornando um local para ocasiões especiais, como jantares entre amigos, por isso sua decoração deve ser planejada com cuidado.

Uma grande mesa retangular pode solucionar o problema de uma família numerosa. Outra opção, se houver espaço suficiente, é ter duas mesas quadradas, com oito lugares cada uma.

Em espaços menores, uma única mesa, redonda ou quadrada, é bem apropriada.

Aproveite para escolher bem as cadeiras, que devem ser confortáveis, apesar de as refeições não serem mais tão demoradas.

Quase sempre cadeiras sem braços ficam mais harmoniosas, a não ser que o ambiente seja realmente amplo. Se fizer questão de cadeiras com braços, use-as somente nas cabeceiras e quando a mesa for retangular.

O aparador é muito útil e, no momento do jantar, libera espaço na mesa, acomodando travessas, pratos e *réchauds*. No dia a dia, ele pode ser adornado apenas com um par de donzelas e um arranjo de flor, repetido no centro da mesa.

Nada de toalhas ou centros de mesa. Deixe tudo limpo, prático e organizado com poucas peças. A beleza de móveis, objetos antigos e peças de design – ou boas cópias – já é suficiente para dar um acabamento especial a qualquer ambiente, e mais ainda à sala de jantar, que precisa de pouca mobília. Preocupe-se com as linhas, as proporções e a qualidade dos materiais.

Muitas vezes, a sala de jantar precisa ter o mesmo piso que o living, por serem ambientes integrados. Há quem prefira usar apenas carpete como revestimento das áreas sociais e dos quartos.

Em relação à cor das paredes, vale a mesma dica dada para o living. Um detalhe importante é que cores quentes (ver página 99) aumentam o apetite, por isso não são aconselháveis nesse ambiente.

Se quiser colocar tapete nesse cômodo, é importante que ele tenha um tamanho adequado às dimensões do espaço, demarcando a área com elegância. As bordas do tapete devem ter cerca de um metro a mais do que a área ocupada pela mesa.

Escritório e biblioteca

Hoje em dia, trabalhar em casa é uma realidade. E um dos quartos da casa muitas vezes se torna escritório, que pode incorporar ou não a biblioteca. Apesar do computador e da internet, os livros merecem espaço e têm um apelo visual peculiar.

Dependendo da quantidade de livros, uma parede com estantes e cantoneiras consegue acomodá-los. Para conservar as obras limpas, o melhor é que as estantes tenham portas de vidro de correr, que ocupam menos espaço. O mais importante é que todas as obras possam ser manuseadas com facilidade.

Móveis de madeira deixam o local mais acolhedor. Na mesa do computador, os fios não devem ficar à mostra – eles podem ser escondidos sob o tapete, se a configuração do espaço permitir, ou embutidos nos rodapés.

Uma outra mesa – formando um L com a do computador – e duas ou três cadeiras são fundamentais para atender às necessidades desse espaço. Se preferir e o local comportar, coloque um bom sofá com almofadas e pufes, que conferem descontração e leveza ao escritório-biblioteca.

Uma mesa retangular complementar ou uma bancada pode servir de escrivaninha e acomodar os livros que estão sendo consultados, além de permitir uma iluminação adequada à leitura, com a colocação de uma luminária.

Lavabo

O lavabo é um ambiente de apoio às visitas. Ele deve estar posicionado de maneira que possa oferecer conforto e privacidade a quem o usa. É um ambiente íntimo, próximo aos sociais da casa.

Em apartamentos, apesar do espaço exíguo, o lavabo deve ser confortável também do ponto de vista acústico – evitando que as pessoas ouçam o que se faz lá dentro – e térmico. É bom isolá-lo com placas de gesso, painéis de madeira ou panos de vidro pintados ou coloridos. Em caso de parede de tijolo aparente, que tem largura maior em comparação a outros materiais, o espaço fica ainda menor. Caso o lavabo não tenha janela, é importante ter exaustor no local.

Para criar sensação de amplitude, use espelhos verticais, que farão o ambiente parecer bem maior. Cores claras também ajudam a criar esse efeito.

Se não for preciso melhorar o isolamento acústico do lavabo, as paredes podem ser revestidas de papel ou tecido ou receber adesivo – que cumprem a função de recobrir a superfície e decorar.

É importante saber o que se pretende ao escolher uma cor para o lavabo. Este é o local em que se pode ser ousado nesse quesito. Tons escuros agregam sofisticação e elegância – terracota, verde-musgo, vermelho etc. elevam o espaço a outro patamar, tornando-o íntimo e social ao mesmo tempo.

Disponha sobre a bancada flores naturais, toalhinhas de linho bordadas, salvas de prata, perfumeiros ou mesmo vidros de perfume mais refinados, potes, velas, sabonetes de formas e aromas diferenciados – objetos que representem simpatia e refinamento aos olhos de quem utilizar o lavabo.

A bancada do lavabo pode ser de pedra – mármore, granito, ardósia ou outra –, madeira, acrílico ou resina, e

pode ter ou não a cuba esculpida. Se a cuba for externa, faça dela a estrela do ambiente. Existem opções maravilhosas de cubas de sobrepor, feitas de cristal, resina ou outros materiais, as quais podem tornar o local ainda mais luxuoso e acolhedor.

Não se esqueça da iluminação nas laterais do espelho. Assim, ao usá-lo para retocar a maquiagem, será possível visualizar todos os detalhes. É importante ter pontos de luz independentes no teto, que podem ser acesos ou não, dependendo do clima que se pretende dar ao ambiente.

Dê atenção ao vaso sanitário. Muitas empresas investem no design dessa peça, o que deixa o ambiente mais sofisticado. A lata de lixo deve acompanhar o estilo do vaso.

Armários são dispensáveis, já que guardariam apenas dois ou três rolos de papel higiênico, que podem ser acomodados em charmosos e pequenos móveis com gavetas abaixo da pia.

Quarto do casal

Uma das áreas íntimas da casa, o quarto do casal deve ser um local realmente de descanso. O ambiente deve passar a ideia de masculino e feminino e, em geral, tem a vantagem de servir a uma mesma faixa etária. Nesse espaço é preciso estabelecer prioridades, afinal suas medidas estão cada vez menores nos apartamentos, causando dificuldades na hora de decorá-lo.

Nas casas, geralmente o quarto é maior e é possível acomodar mais elementos, por isso ele acaba tendo mais de uma função – por exemplo, canto de leitura.

Conforto e privacidade são as palavras-chave para descrever esse ambiente, por isso selecione itens absolutamente capazes de transmitir essas ideias. Um bom exemplo são os vários tipos de colchões e travesseiros encontrados no mercado, feitos de materiais laváveis, antialérgicos e com densidades diferentes, capazes de atender ao gosto de cada um.

Também é possível optar por uma cama articulada, com dois lados acionados individualmente, permitindo posições diferentes para cada um dos ocupantes.

Se você tiver televisão no quarto, pode ser interessante colocar um sofá confortável e almofadas, se o espaço permitir.

Nas paredes, tons suaves ajudam a compor uma atmosfera de tranquilidade e repouso. Use cores frias para tapetes, colchas, cúpulas e outros detalhes.

A boa ventilação é muito importante para a higiene do ambiente, mas cuidado com correntes de ar excessivas. Se o quarto tiver janelas demais, vede algumas. Quando, além das janelas, existirem ventiladores, melhor optar apenas pelas primeiras, sempre levando em conta o conforto térmico dos ocupantes.

Além de uma iluminação central, abajures ou luminárias de leitura podem dar o clima especial que o casal deseja. Para tornar o ambiente mais aconchegante, use lâmpadas amarelas. É importante que as luzes possam ser acesas e apagadas também da cama.

Não se esqueça de colocar tapetes nas laterais da cama, para que os pés não toquem o piso frio ao se levantar da cama. Se preferir, opte por um carpete macio.

Se as dimensões permitirem, coloque uma mesa de cabeceira de cada lado da cama. As mesas de cabeceira podem acomodar as luminárias, que, caso contrário, podem ser embutidas na parede. Para quebrar a monotonia, opte por peças assimétricas, que acrescentam charme e definem melhor o usuário do espaço do ponto de vista estético.

Quarto de solteiro masculino

Para fazer o dormitório do menino ou rapaz solteiro, é preciso entender seus desejos e necessidades e assim descobrir o que ele quer ter no quarto.

De maneira geral, esse ambiente é equipado com computador, televisão e aparelho de som. Uma bancada pode acomodar bem esses equipamentos, além de servir como mesa de estudos. Não se esqueça de deixar um espaço para a cadeira.

Algumas prateleiras nas paredes podem acomodar livros e outros pertences.

Uma luminária na bancada intensifica a iluminação, muito importante para os estudos.

Alguns garotos gostam de se dedicar a algum tipo de *hobby* ou paixão. Os apaixonados por boxe podem ter luvas, os surfistas querem mostrar a prancha, e assim é possível compor com personalidade o ambiente. Use a criatividade: as luvas de boxe podem ficar expostas em uma prateleira ou ser desenhadas nas paredes ou nos móveis; a prancha pode ser pendurada; e por aí afora. Coleções também podem (e devem) ganhar lugar de destaque sobre a bancada ou em prateleiras.

Quarto de solteiro feminino

A menina ou moça solteira também vai querer expressar no quarto toda sua personalidade. Assim, seus desejos devem ser respeitados.

É quase uma unanimidade ter várias gavetinhas e nichos nesse espaço – são recursos que reforçam a feminilidade.

Linhas curvas, tecidos com estampas florais, papéis de parede e outros detalhes também caem bem. É importante levar em conta a personalidade da dona do quarto – algumas preferem enfatizar o lado esportista ou intelectual.

A faixa etária determina muitos outros detalhes e indica caminhos que podem ser seguidos para decorar e equipar o quarto feminino. Bonecas, personagens preferidos e livros de algum assunto específico podem ganhar destaque e ser o tema do tecido das cortinas, colchas e edredons. Uma garotinha vai querer ter ali também um cantinho para brincar de casinha ou escolinha, e assim o espaço vai se configurando.

Quarto do bebê

Esse costuma ser um dos ambientes mais planejados da casa. Quando descobre que está esperando um bebê, o casal já começa a sonhar com todos os detalhes para compor o quarto.

Não basta saber o sexo do bebê para escolher a cor que vai predominar no quarto. Ela pode ser escolhida pela neutralidade, como no caso do branco, do amarelo e do bege, ou até uma combinação das três. Esse é um ótimo recurso para deixar o quarto pronto mesmo quando não se deseja saber o sexo do bebê antes do nascimento.

O ambiente deve ser bem silencioso e ter uma iluminação acolhedora, com lâmpada amarela ou de baixa voltagem nos abajures, para transmitir conforto e tranquilidade – o mesmo que o bebê sentia na barriga da mãe.

Por outro lado, uma decoração alegre e colorida vai estimular os sentidos da criança. Nesse caso, a ideia é criar um ambiente que valorize o clima de fantasia e que pode acompanhar a criança durante alguns anos.

Uma dica é mandar fazer móveis que acompanhem o tema da decoração. Por exemplo, se o tema central for fazenda, o berço pode ser inspirado em um gracioso carro de boi, a base do abajur pode imitar uma cerca ou o tronco de uma árvore, e assim por diante. Outros detalhes e cores devem seguir a mesma linguagem.

Tenha cuidado com portas e janelas – deixe o berço longe delas, para que o bebê não receba correntes de ar indesejáveis.

Não se esqueça de colocar uma poltrona com braços, para ser usada na hora da amamentação.

Planeje também um espaço para o trocador, que poderá ter gavetões, onde serão guardadas as roupas do bebê.

Ter um pequeno guarda-roupa também ajuda bastante na organização das roupas do berço e de banho, mantas e cobertores. Reserve um espaço para as roupas de cama da babá ou da vovó.

Escolha materiais que impeçam o acúmulo de pó ou mesmo de sujeira, para evitar o surgimento de doenças respiratórias. Prefira persianas em vez de cortinas. No piso, o vinílico é melhor do que carpete ou tapete, propícios a acumular ácaro. Pense em todos os detalhes para que o bebê fique confortável e em um ambiente limpo e protetor.

Closet e guarda-roupa

Assim como os quartos, o closet deve sugerir conforto, além de organização. É um espaço íntimo da casa, onde se devem deixar à mão as roupas usadas com frequência.

O closet do casal deve ser dividido em dois espaços, para abrigar os pertences do homem e da mulher. Deve ser cheio de prateleiras, gavetas, sapateiras e ter locais específicos para guardar gravatas, camisas, calças e saias.

Se o espaço for suficiente, o closet serve também como quarto de vestir. Nesse caso, coloque um pufe central para sentar e calçar os sapatos, espelhos verticais, uma cadeira e uma mesinha com telefone.

Valem guarda-roupas com gavetas deslizantes e até com a frente transparente, para mostrar o que está ali dentro.

Antes de organizar tudo, é bom ter em mente que roupas há muito sem uso só ocupam espaço no armário. Sem falar que nos fazem perder tempo na hora de escolher as peças que vamos usar. Veja algumas dicas para organizar seu guarda-roupa:

- **Ter um armário abarrotado contribui para amassar as peças que estão em uso,** por isso libere espaço para o que realmente funciona. Decida, sem sentimentalismos, o que pode ser guardado e o que deve ser eliminado. Se for impossível se desfazer de alguma peça, mesmo que ela não seja útil, guarde-a em um espaço menos acessível.

- **O que você não usou nos últimos dois anos deve ser eliminado.** A tendência é que essas peças nunca mais sejam utilizadas.
- **Roupas que não serão usadas na estação corrente devem ser guardadas em sacos plásticos** e armazenadas no maleiro.
- **Peças preferidas e clássicas devem ser privilegiadas na organização do armário,** permanecendo em local de fácil acesso.
- **Pendure os vestidos nos locais mais altos para que a barra não amasse,** ou, se preferir, dobre-os ao meio e pendure-os pela cintura.
- **Camisas, camisetas e blusas de tecidos que não amassam podem ser dobradas ou enroladas como um rocambole,** o que ajuda a liberar mais espaço. Peças similares, mas feitas de tecidos que amassam com facilidade, devem ser abotoadas e penduradas.
- **Agrupe as saias por cor** ou pendure-as embaixo do paletó ou da jaqueta com o qual fazem conjunto.

- **Calças sociais e com vinco devem ser penduradas.** As jeans, leggings e as de moletom podem ser dobradas e colocadas em prateleiras.
- **Guarde os casacos abotoados,** assim você economiza espaço.
- **Sempre que possível, organize as roupas por cor.** Essa prática ajuda bastante na organização do armário e deixa o visual interno mais bonito.
- **Tenha gavetas menores para guardar roupas íntimas, bijuterias, biquínis e meias,** além de muitos cabides, prateleiras e divisórias para armazenar roupas, malas, bolsas e sapatos.
- **Para os sapatos, sugiro prateleiras não muito próximas às roupas.** Eles devem ser limpos e deixados um pouco ao ar livre antes de guardados.

Banheiro

Decorar o banheiro não é tarefa das mais difíceis, mas é importante que seja confortável e acomode tudo que os usuários precisam. Já uma reforma nesse espaço requer mais cuidados.

Ao contrário de outros cômodos, o banheiro precisa de plantas bastante detalhadas da parte hidráulica e elétrica, para tornar possível, no futuro, consertar vazamentos sem grandes traumas. Antes de iniciar uma reforma, atente para o fato de que o metro quadrado do banheiro custa, em média, de três a quatro vezes mais do que o dos outros cômodos.

Como o banheiro é um ambiente de total privacidade, o ideal é deixá-lo o mais agradável possível. Portanto, pense em todos os detalhes que possam oferecer essa sensação ao usuário.

Para o tampo da bancada do banheiro, recomenda-se a utilização de mármore ou granito, ou ainda materiais sintéticos não porosos e resistentes, como Silestone e Corian. Mármore e granito de boa qualidade são caros, mas compensam, pois envelhecem bem e resistem melhor ao uso diário.

A cerâmica é fácil de ser manipulada e configura-se hoje como uma das opções acessíveis de revestimento de piso de banheiro.

Nas paredes, o azulejo é o revestimento mais utilizado. Outra opção, que dá um visual lindo, são os mosaicos prontos de pastilhas de vidro. O laminado também pode ser usado, exceto no boxe.

Se você não gosta dos azulejos do seu banheiro, mas não quer ou não pode trocá-los, saiba que as tintas de azulejo representam uma solução barata e durável.

O espelho é um bom recurso para aumentar visualmente o espaço, quando colocado em uma parede inteira.

Como já foi dito, espelho de no mínimo seis milímetros evita que as imagens se deformem.

Sempre que possível, opte por iluminação e ventilação naturais para essa área. Assim, haverá boa circulação de ar.

Para harmonizar a cor das paredes e do piso, vale mesclar tonalidades neutras com as mais vibrantes.

Para o piso, materiais rústicos e não polidos, como o porcelanato natural, podem ser opções interessantes, pois são antiderrapantes.

Cores claras ampliam visualmente o espaço, já as mais escuras dão a sensação de diminuição. Vale a dica de simular as cores em *sites* especializados antes de passá-las para as paredes. Se quiser utilizar mais de uma cor, experimente antes uma combinação no próprio *site* para depois aplicá-la ao banheiro. Você verá que esse recurso confere movimento visual ao ambiente. Veja também, nas páginas 101-2, a sensação que cada uma pode oferecer.

Os acessórios, como porta-escova de dentes, saboneteira, porta-cotonetes, porta-algodão etc., devem ser aliados na composição do ambiente e deixar tudo sempre à mão.

Vale a pena investir na qualidade dos metais (torneiras, saboneteiras, porta-papel higiênico, porta-toalha etc.). Além de valorizar o banheiro, duram mais.

Portas de correr são ótimas opções para ganhar espaço em áreas reduzidas.

Bancadas ou gabinetes planejados e feitos sob medida tornam o ambiente mais prático.

Um espaço pequeno e com muito branco pode ganhar o toque de uma cor quente, tanto no revestimento como nos acessórios.

Se apenas um tom predomina no seu banheiro, opte por acessórios bem coloridos, que alegram e dão mais vida ao ambiente.

Um pequeno truque para obter sensação de amplitude é usar painéis espelhados ou até o próprio espelho, colocado na parede da bancada ou da banheira.

Escolha cores que acalmem e sugiram um clima de relaxamento, como azul e verde. Elas podem aparecer apenas em detalhes. O ideal para as paredes do banheiro são tons de branco e bege. Veja detalhes sobre as cores nas páginas 101-2.

Cozinha

A maioria das cozinhas é equipada com diversos utensílios e eletrodomésticos para facilitar o dia a dia. Por isso, examine bem e reflita quais são suas prioridades e necessidades nesse espaço para tornar o ambiente funcional.

As questões apresentadas a seguir têm como propósito oferecer uma visão clara das características de sua cozinha e podem ser um primeiro guia no estabelecimento de prioridades. Acompanhe:

Sua família costuma fazer refeições e lanches na cozinha? Em caso positivo, um item importante é a colocação e a padronização de armários e bancadas. É necessário espaço para mesa e cadeiras, ou mesmo um balcão com banquetas. Lembre-se de que balcões e banquetas exigem espaço para joelhos e pernas. Servir lanches às crianças habitualmente significa servi-los também aos amiguinhos, o que reforça a necessidade de espaço suficiente para todos.

Sua família tem o hábito de comer sanduíches no jantar? A tarefa de servir sanduíches às crianças ou mesmo aos adultos como opção de refeição pode ser simplificada se houver um setor na cozinha destinado exclusivamente a isso. Concentre lá tábuas, facas, cortadores de frios, recipientes para pães, porta-guardanapos e outras miudezas.

Os membros da sua família fazem as refeições no mesmo horário? Se esse for o caso, as refeições certamente vão chegar quentinhas à mesa para todos degustarem. Caso contrário – o que é bastante comum nos dias de hoje –, é útil ter um forno de micro-ondas e um forno elétrico, que facilitam no momento de aquecer as refeições.

Você costuma organizar recepções ou jantares em casa?
Então precisa de espaço para guardar os equipamentos e utensílios próprios. Existem armários com soluções especiais, como módulos verticais, prateleiras giratórias e cestos aramados de correr. Cozinhar em grandes quantidades requer o uso intensivo do forno, o que demanda ter um fogão maior e talvez um forno adicional. Procure pesquisar novos modelos de pias com acessórios e componentes, capazes de auxiliar bastante no preparo rápido dos alimentos.

Você tem muitos eletrodomésticos? Analise seriamente a real utilidade de cada um e decida quais devem estar sempre ao alcance das mãos. Na sequência, verifique se existem tomadas facilmente acessíveis e em número suficiente para todos os equipamentos. Uma alternativa para evitar o acúmulo de eletrodomésticos na bancada é embutir alguns aparelhos no próprio armário, como forno de micro-ondas e máquina de lavar louças. Se sua família tem o hábito de assistir à TV enquanto cozinha ou faz refeições rápidas, lembre-se das tomadas.

Mais de uma pessoa cozinha ao mesmo tempo? Caso duas ou mais pessoas na família usualmente preparem em conjunto as refeições, certifique-se de que a maioria dos aparelhos esteja posicionada de modo a evitar acidentes, incidentes e trombadas.

Você costuma preparar congelados ou conservas? Se for habitual preparar grande quantidade de alimentos para congelar ou fazer conservas, como picles, geleias, compotas e doces, pense em alguns detalhes. O local de preparo deve ser amplo e bem iluminado. Próximo a esse local, pode ser planejado um espaço para os potes e recipientes dos congelados e os vidros das conservas.

Qual é a altura média da sua família? Imagine um casal de 1,60 metro que compra uma casa cuja cozinha foi ajustada aos antigos proprietários, ambos com 1,90 metro. Apesar de os gabinetes básicos serem desenhados de acordo com alguns padrões, podem ser fabricados com variações. Por isso, atente a esse detalhe. Caso contrário, você corre o risco de ter de preparar as refeições em uma bancada alta ou baixa demais.

Você faz questão de ter telefone na cozinha?
É muito comum o telefone ser lembrado somente após a conclusão da reforma da cozinha, aí acontecem os improvisos com fiação e colocação do aparelho. No planejamento, pense nesse detalhe.

Você costuma fazer massas caseiras ou trabalhar com chocolate? Se for uma atividade constante e o tampo da bancada for de outro material que não o mármore, considere a inclusão de uma peça assim, que pode ser embutida para facilitar o trabalho.

É necessário ter uma área de armazenamento na cozinha? Verifique se existe algum espaço próximo à cozinha que possa funcionar como despensa. Caso ele necessite ser incorporado à cozinha, opte por armários que possam abrigar latarias, mantimentos e pacotes.

Triangulação

Ao planejar a cozinha, é importante lembrar que existem três tipos principais de atividades nesse ambiente: armazenagem de alimentos, preparo das refeições e limpeza (de louça e alimentos), o que envolve o uso da geladeira/freezer, do fogão e da pia. Esses itens formam os pontos da clássica triangulação do trabalho, base para o bom design da cozinha. A triangulação favorece o processamento natural do trabalho e, de maneira geral, torna o espaço mais eficiente.

O formato da triangulação pode variar de acordo com o espaço disponível e a proporção do ambiente. Há quatro tipos básicos:

- **Em formato de U:** pia (e lava-louças, se houver) no centro, com o fogão de um dos lados e a geladeira/freezer do outro, em paredes opostas.
- **Em formato de L:** a pia (e a lava-louças, se houver) forma um ângulo reto com o fogão e a geladeira/freezer.
- **Em formato paralelo:** usada em cozinhas que formam uma espécie de corredor, é definida por balcão e armários que acompanham duas paredes opostas, uma delas com a pia e a outra com o fogão e a geladeira/freezer. Essa é uma alternativa para obter o máximo de aproveitamento de uma cozinha estreita.

✓ **Em ilha:** é caracterizada por um balcão central. O fogão pode ou não ser encaixado no balcão principal, proporcionando espaço extra para trabalho e refeições. É uma disposição eficiente, que pode até criar outro ambiente, como uma copa, porém exige bastante espaço.

Dicas para a cozinha

Dê preferência à iluminação de LED embutida em toda a marcenaria da bancada. Os pontos de luz podem ficar abaixo dos armários superiores. Assim, mesmo à noite você terá luz suficiente para trabalhar. O LED tem baixo consumo de energia, vida útil longa, baixo custo de manutenção e alta intensidade luminosa.

No teto, luminárias de LED podem substituir aquelas de sobrepor fluorescentes, as quais são econômicas e oferecem bastante luminosidade, mas contêm mercúrio gasoso, resíduo que representa perigo quando do descarte do produto. Um rebaixamento no teto com gesso, formando um desenho retangular ou quadrado, pode embutir os LEDs, ocultados por placas foscas de vidro.

Granito, Silestone e Limestone como revestimento do tampo das bancadas são fáceis de limpar e manter. Aliados a pastilhas de vidro, em especial nas paredes, incrementam o ambiente.

No piso, a dica são materiais que não absorvam muita sujeira, como granito e porcelanato.

Quando a cozinha tem dimensões reduzidas, é sempre bom usar e abusar dos tons claros para dar mais amplitude. E mais do que nunca é preciso planejar o espaço para não comprometer a circulação.

Outra dica para pequenos espaços é fazer uma cozinha do tipo americana, integrada à área de estar.

Para aproveitar ainda mais o espaço, instale um cooktop, que é de sobrepor, garantindo mais área útil à cozinha.

Trabalhar uma única parede com adesivos (pode ser uma imagem ou uma frase) deixa a cozinha mais alegre. Exemplos: "Bom apetite", "Enjoy your lunch" etc.

Investir em eletrodomésticos de design, especialmente coifa e fogão, resultará em um visual ímpar.

Se você ou alguém da sua família gosta de cozinhar, reserve um espaço na bancada para uma mini-horta. Plante hortelã, manjericão e outros temperos – eles deixarão a cozinha mais viva e gostosa de ver e ficar.

Ter espaços de apoio entre o fogão, a geladeira e a cuba ajuda na praticidade do trabalho diário.

Um gaveteiro próximo ao fogão auxilia na organização dos utensílios e facilita as tarefas domésticas.

Instale uma barra de utensílios com ganchos na parede perto do fogão, assim é possível deixar sempre à mão os itens mais usados, como escumadeira, concha, pegador de macarrão etc.

Coloque ganchos na parede ou na parte inferior interna da bancada para pendurar avental e pano de prato.

Elementos como madeira de demolição ou tijolo aparente aquecem o visual e conferem ao ambiente um estilo mais rústico, de casa de fazenda. Podem ser aplicados em uma única parede.

Não use um piso com muito rejunte, assim evita-se o acúmulo de sujeira entre as placas do piso.

Tampos de bancada feitos com materiais resistentes à temperatura, como granito, aço inox e Corian, perduram no tempo.

Na dúvida em relação às cores, opte sempre por armários claros e varie no tom dos acessórios, como puxadores, porta-facas, aramados etc.

Usar móveis e acessórios de design confere atualidade à cozinha e a torna um ambiente gostoso.

Escolha outros itens que aludam à arte de cozinhar e ajudem na decoração, como livros de culinária, paneleiro de teto que deixe à mostra panelas de cobre, nichos que acomodem garrafas etc.

Sala de almoço/Copa

Nos dias de hoje, este já não é um ambiente muito comum. Quando existe, é especialmente usado para o café da manhã, mas também serve para refeições rápidas no almoço ou no jantar.

Como a copa geralmente é uma extensão da cozinha, um simples armário com dois lados pode separar um ambiente do outro. Ele poderá acondicionar belas louças, copos de cristal, potes de biscoitos, bandejas e demais utensílios, além de torradeira, cafeteira e outros eletrodomésticos utilizados principalmente para preparar o café da família.

Muitas vezes opta-se por colocar o purificador de água e a geladeira com freezer neste ambiente. Assim, é possível ter sempre à mão água gelada, sorvete e frutas.

Quando a copa for independente da cozinha, pode-se usar todo e qualquer material para revestir as paredes e tornar este espaço mais bonito e prazeroso.

Observe bem a escolha das cores. Existem aquelas que estimulam o apetite, como vermelho e laranja, e aquelas que o diminuem, como azul e verde.

Recomenda-se uma iluminação bem eficiente na copa. Se possível, aproveite a luz natural.

Área de serviço

Uma área de serviço bem organizada descomplica as tarefas diárias e pode acomodar muitas coisas. As dicas a seguir farão deste espaço, além de prático, muito bonito.

A recomendação é ter vários armários, e que sejam resistentes para suportar o uso diário. Laminado como revestimento dos armários é muito prático e fácil de manter.

Prefira piso frio, como granito, cerâmica ou porcelanato, que pode ser lavado com frequência.

Na área de serviço geralmente há muito manuseio de água, por isso os mesmos materiais podem revestir as paredes.

Outra opção são pastilhas de vidro, que tornam o ambiente mais leve e dão um ar mais atual ao conjunto.

Tenha gavetões na parte interna dos armários para guardar produtos de limpeza e divisórias para a organização de pequenos itens. Caso isso não seja possível, compre caixas organizadoras, que cumprem a mesma função, e guarde-as nos armários.

Para acomodar roupa suja, um gavetão profundo é o ideal, ou, na falta dele, um cesto grande e alto.

Prefira armários até o teto, para ter bastante espaço e não deixar nada à mostra ou desorganizado.

Escolha armários com boa distribuição interna. Lembre-se de que eles devem ter nichos para guardar tábua de passar, ferro, balde, aspirador de pó, produtos de limpeza e cabides.

Se possível, coloque vasos de plantas em prateleiras acima da janela, assim o ambiente fica mais humanizado.

Uma dica para esconder os varais é ocultá-los em um quadrado ou retângulo com bordas de gesso quando não estiverem em uso.

Prefira varais de aço inox, que têm vida útil bem prolongada.

Quando o espaço é pequeno, ele pode ser mais bem aproveitado se você instalar as máquinas de lavar e de secar uma sobre a outra.

Tanque de embutir acomoda gabinete na parte inferior, mais um espaço organizador.

Preste atenção na localização do ralo para que não seja obstruído, impedindo que a água escoe com facilidade.

Evite puxadores nos armários para não correr o risco de acidentes e machucados. Em geral, essa área é pequena, muito utilizada e sujeita a bastante tráfego, por isso é preciso evitar obstáculos. Quanto mais limpa e prática, melhor.

Cestos de fibra natural, além de ser charmosos, podem acomodar as roupas que devem ser passadas.

A iluminação de LED é mais eficiente para este espaço, mesmo durante a noite.

Lareira

Existem vários tipos de lareira, entre elas a gás, a etanol, elétrica, tradicional e pré-moldada.

Em tempos de sustentabilidade, dê preferência aos três primeiros tipos, que são ecológicos por dispensar o uso de lenha: Além disso, não provocam emissão de gases e fumaça, ou seja, não exalam nenhum cheiro.

A lareira aquece o ambiente e o torna aconchegante. Os fabricantes capricham no design e executam modelos com inteligência e beleza, para projetos de variados estilos. Algumas peças são voltadas para o aquecimento do ambiente, outras têm caráter mais decorativo. Procure ler o manual e saber mais sobre os diversos modelos antes de escolher o seu.

- ✔ **Lareira a gás:** aquece o ambiente e não gera fuligem (comum na queima de madeira). Sua chama é feita por combustão de gás. Assim como no caso dos fogões, a lareira a gás deve ser comprada de acordo com o tipo de gás que você pretende utilizar. Ela não necessita de mui-

to espaço para ser instalada. Por outro lado, requer um ponto de gás como o do fogão.
- **Lareira a etanol (álcool):** além de dispensar o uso de lenha, esse tipo de lareira não resseca o ar enquanto a chama está acesa, pois a combustão do álcool produz H_2O. Outra vantagem é caber em qualquer ambiente, deixando os espaços muito mais atraentes e aconchegantes. Quem optar por um modelo a etanol não precisa se preocupar em modificar a estrutura do ambiente, pois não há necessidade de instalar chaminés ou dutos. Ela funciona com uma câmara de combustão ou queimador, um reservatório para armazenar o álcool com abertura regulável que serve para controlar a intensidade, a altura da chama e o tempo de aquecimento. Ou seja, a duração da chama depende do tamanho do queimador e da capacidade de armazenagem de álcool. Algumas peças são voltadas para o aquecimento do ambiente, outras têm caráter mais decorativo.

- **Lareira elétrica:** essa lareira também é simples de instalar, pois dispensa chaminé e qualquer alvenaria. Pode ser inserida em um nicho de móvel ou ainda implantada em projetos personalizados.
- **Lareira tradicional:** conforto e aconchego são duas palavras que traduzem bem o ambiente com uma lareira tradicional. Quem quer ter um modelo de alvenaria precisa saber que a instalação em local de trânsito deve ser evitada. A lareira não deve ficar entre passagens, como portas e janelas. Nessas situações, pode haver corrente de ar, que arrastará a fumaça para o ambiente. Também se deve ter cuidado quanto ao tamanho da lareira. Não é apenas uma questão estética, mas um dado muito importante em função do aquecimento do ambiente. Para que a lareira de alvenaria funcione bem, é indicado levar a um telheiro (empresa especializada no assunto) as medidas do ambiente em que ela será insta-

lada. A empresa saberá informar direitinho a medida da lareira para que o ambiente tenha o aquecimento adequado.

- **Lareira pré-moldada:** no telheiro também podem ser encontrados modelos pré-fabricados. Verifique qual é a melhor opção para sua casa.

Adega

Atualmente, ter uma adega em casa não é uma tarefa difícil. Basta recorrer a lojas de eletrodomésticos e procurar o modelo mais adequado ao espaço e ao bolso. As chamadas adegas climatizadas acondicionam vinhos e champanhes em temperatura controlada e são facilmente encontradas.

Apesar de toda essa comodidade, há quem prefira construir um ambiente desses. Nesse caso, é necessário fazer um planejamento bem específico.

Quando a adega é programada com a construção da casa, convém localizá-la na face sul do terreno, menos quente e ensolarado, embora existam métodos artificiais para manter os níveis ideais de temperatura.

Na hora do projeto, é preciso considerar quem vai utilizá-la e quais os objetivos. Ela pode servir apenas para a estocagem de vinhos e champanhes, organizados por safra. Outra opção é criar um espaço para degustação, com mesas e cadeiras.

O local escolhido deve ficar longe da umidade, dos canos de água quente e das áreas molhadas da casa. É fundamental que não existam janelas ou frestas, para que não entre luz natural. O acesso ao ambiente deve ser feito por meio de um corredor ou passagem distante de janelas. A porta deve ser hermeticamente fechada.

A iluminação artificial também é prejudicial à conservação de bebidas fermentadas. Poucos pontos de luz devem ser direcionados para o centro do ambiente, mas nunca voltados às garrafas, dispostas em prateleiras ou colmeias. Dê preferência à luz de LED.

As garrafas devem permanecer sempre deitadas, com o líquido em contato com a rolha, para que esta não resseque e libere oxigênio, o que estraga a bebida.

Materiais rústicos são tradicionalmente empregados na confecção de adegas. Porém, independentemente do material escolhido, é necessário fazer isolamento térmico com lã de vidro nas paredes, no teto e no piso. Também é importante instalar um climatizador.

Churrasqueira/Varanda gourmet

Existem churrasqueiras pré-moldadas, portáteis e outros modelos eficazes para aquela tradicional reunião de fim de semana. Mas, se a opção for pela churrasqueira de alvenaria, o local merece atenção especial – afinal, só isso já demonstra que a intenção da família é utilizá-la com frequência.

Escolha um local tranquilo e bonito no seu quintal para que o clima seja agradável e relaxante. Afinal, esse ambiente é a extensão do jardim e ideal para ver o tempo passar.

A churrasqueira de alvenaria pode ser construída em um canto ou ocupar uma área maior, mas não se esqueça de ter ao lado uma pia e uma bancada de trabalho, que sempre são muito utilizadas. Você também pode ter um forno de pizza.

É importante que o espaço seja coberto, assim é possível colocar geladeira, freezer e uma mesa grande com cadeiras, para fazer uma deliciosa refeição de fim de semana e aproveitar plenamente o local, protegido do sol e da chuva.

Os móveis devem ser práticos e duráveis. Mesas e cadeiras de madeira são uma ótima pedida, mas aproveite para ver outras opções em lojas que oferecem móveis para áreas externas.

Muita atenção ao piso – é imprescindível que o material escolhido seja antiderrapante. Verifique as várias sugestões em lojas de materiais de construção.

Se o ambiente for bem iluminado, será bastante usado também à noite, por isso invista na iluminação.

Atualmente, muitos apartamentos já vêm com churrasqueira instalada, no que ficou conhecido como varanda gourmet. Esse local é excelente também para almoços ou mesmo jantares informais. Além dos móveis, não se esqueça de colocar no espaço vasos coloridos com plantas naturais, que enriquecem a decoração.

Se seu apartamento não foi planejado dessa forma, cuidado ao instalar uma churrasqueira de alvenaria ou pré-moldada. Lembre-se: é preciso consultar um engenheiro para ver se a estrutura do prédio suporta esse item, para que a construção não fique comprometida. Para facilitar, minha sugestão é escolher um modelo portátil, que cumpre muito bem sua função. Depois da refeição, é só lavar e secar a churrasqueira para ser utilizada em uma nova ocasião.

7
PAREDES E OUTRAS SUPERFÍCIES

Cores

A cor ocupa um dos principais papéis na decoração. Ela está presente no dia a dia, na natureza e na vida das pessoas. Por meio da percepção, estabelece sentimentos e comportamentos. Seu estudo é tão profundo que físicos, químicos, comunicadores, psicólogos, médicos e até artistas tentam explicá-la.

Luz e cor formam um binômio que não pode ser separado, por conta da própria essência desses elementos. A luz manifesta a cor e por ela é refletida. Na decoração, a cor deve ser valorizada pela escolha adequada de iluminação artificial ou natural. Por isso, deixe o sol invadir sua casa.

Além disso, adicionar elementos coloridos ao espaço valoriza a decoração. Aproveite para fazer das paredes um pequeno laboratório – elas ganharão vida e poderão trazer alegria, emoção e outras sensações ao ambiente.

Nas artes visuais, a cor não é apenas um elemento decorativo ou estético – é o fundamento da expressão. Está ligada até mesmo a valores espirituais. O homem reage a ela subordinado às reações psicológicas que ela provoca e também por influências culturais. Ela traz ainda mensagens plásticas, como luz, movimento, peso, equilíbrio, espaço e outras, que definem sua utilização.

Características

As cores podem ser quentes ou frias. As primeiras (vermelho, amarelo, laranja) transmitem sensação de calor e avançam o olhar, dando a impressão de que os objetos nessas cores estão mais perto. As frias (azul, roxo, verde) transmitem a sensação de frescor e retrocedem o olhar, dando a impressão de que os objetos nessas cores estão mais longe.

Ao conhecer mais sobre as cores, você poderá desenvolver composições com inteligência e senso prático.

Todas as cores têm três características: coloração, valor cromático e valor tonal. A coloração é a cor em si, ou seja, azul, vermelho, verde. O rosa é uma coloração do vermelho; o marrom é uma coloração do laranja.

O valor cromático é a força da cor. As mais intensas têm maior valor cromático. Por exemplo, o vermelho e o azul têm maior valor cromático que o amarelo.

O valor tonal indica a quantidade de branco ou preto que foi adicionada à cor, deixando-a mais clara ou mais escura. Por exemplo, a coloração azul pode ter várias tonalidades, e ainda pode ser brilhante ou opaca.

Significados

Os significados de uma mesma cor mudam de cultura para cultura, mas algumas reações à cor perduram no tempo. O efeito psicológico produzido pelas cores é atribuído a associações. Logo, o vermelho, que para o homem primitivo era fogo, sol e sangue, até hoje exprime perigo, excitamento e guerra. Talvez por isso essa cor provoque paixão, zanga, alegria, calor.

As cores produzem sensações ou certas reações psicológicas. Ao utilizá-las, procure perceber o que elas acrescentam ao ambiente.

- **O vermelho é a cor do calor, da alegria, do excitamento.** É bom usá-lo com moderação.
- **O rosa é uma cor que avança o olhar,** ou seja, traz os objetos para perto dos olhos.
- **O amarelo sugere calor e abundância.** É a cor da luminosidade, mas deve ser usado com cautela.
- **O azul sugere repouso, constância, quietude e calma.** Usar essa cor em demasia pode tornar o ambiente muito frio.
- **O verde é a cor da esperança, da primavera, do descanso e do frescor.** É uma cor que acalma.
- **O roxo indica sofrimento e saudade.** Pode trazer um aspecto depressivo se usado em demasia.
- **O cinza é a mistura do preto e do branco.** É essencialmente neutro e pode oferecer a sensação de algo monótono ou mesmo negativo.

- **O preto sugere tristeza e luto.** Usado com outras cores, traz contraste. É bom estudar os possíveis casamentos felizes do preto com outras cores antes de aplicá-las.
- **O branco sugere limpeza e paz.** Usado com outras cores, intensifica as sensações produzidas por estas.
- **Se usado com parcimônia, o dourado pode ficar elegante e discreto no ambiente,** mas em grande quantidade oferece sensação oposta.

A partir desses conhecimentos, você poderá utilizar as cores como desejar. Minha sugestão é fazer um estudo prévio em um *site* de simulação de cores antes de aplicá-las ao ambiente. Com o uso do computador, você ficará seguro para exercer sua criatividade e bom-senso, além de sentir as cores no ambiente virtual. Depois disso, vai ficar mais fácil passar as cores escolhidas para as paredes, piso, teto, móveis e acessórios (maçanetas, almofadas, cortinas, revestimentos, colchas etc.) sem comprometer a decoração.

Pinturas decorativas

Depois de saber um pouquinho mais sobre as cores, nota-se a importância da pintura em um ambiente. A decoração tem elementos de fundo, como paredes, piso e teto, e outros em primeiro plano, como móveis e objetos. Por isso, equilíbrio, harmonia e proporção são fundamentais nas pinturas decorativas.

Elas tiveram início na Antiguidade. Os egípcios foram a primeira civilização a pintar seus interiores, há mais de três mil anos, quando aperfeiçoaram as técnicas de pintura decorativa básica. Eles as aplicavam não somente nas paredes, mas também em cadeiras, túmulos e objetos.

Há mais de dois mil anos, os chineses desenvolveram a arte de laquear. À seiva da planta *Rhus vernicifera*, adicionavam um mineral vermelho (componente do mercúrio) ou farinha de osso queimada para produzir um líquido vermelho ou preto chamado laca. A aplicação sobre uma superfície polida era repetida quinze vezes, cada uma após a secagem da anterior.

Por volta do século XVIII, nos Alpes, na Escandinávia e na costa leste dos Estados Unidos, surge uma pintura diferente no mobiliário. Os artesãos pintavam desenhos com máscaras (estêncil). Os motivos básicos eram os florais.

Com o movimento *art nouveau*, após 1870, a pintura de mobiliário entrou em decadência. No fim do século XIX, não estava mais na moda. No início do século XX, intelectuais tentaram reavivar a memória das pinturas decorativas, mas não obtiveram sucesso.

No Brasil, elas estiveram em alta no fim dos anos 80 e início dos 90. Eram comuns em paredes, pisos, tetos e móveis.

Broken colour (texturização)

O termo "broken colour" é usado para definir grande quantidade de pinturas especiais, como esponjado, dragging, ragging, combing, flogging, pátina e decapê simulados, entre outras.

São essas técnicas que tiram a característica de produção em série de uma peça para torná-la uma obra de arte, na qual você mesmo pode imprimir sua marca pessoal e criativa, fazendo trabalhos diferenciados entre a superfície e as várias camadas de tinta.

As vantagens dessas técnicas são múltiplas. Uma das mais importantes é a economia. Elas necessitam de pouca tinta e muito trabalho, e os resultados são surpreendentes, possibilitando repaginar paredes, pisos e peças.

Para conseguir os efeitos desejados (esponjado, flogging etc.), é preciso utilizar, além das tintas, ferramentas como pentes, estopas, pincéis picotados, tecidos trançados, lixas, buchas vegetais, escovas e tudo que permitir colocar ou retirar, de maneira diferenciada, a tinta da superfície. Comece experimentando em uma superfície de madeira.

A preparação da madeira é uma etapa muito importante, que garante perfeita aderência da tinta. O processo deve ser iniciado após lixar a madeira. Todos os furinhos devem ser nivelados com massa óleo, depois lixa-se a superfície novamente para poder passar fundo sintético nivelador. Para selá-la, é necessário usar uma camada de látex branco. Em seguida, é feito o desenho e depois aplicadas as técnicas escolhidas. Por exemplo, em armários, é possível pintar os enquadramentos em marmorização e suas almofadas em dragging, sempre procurando coordenar as cores. O brilho na pintura é opcional – para isso usa-se verniz fosco, acetinado ou brilhante, o que torna a pintura impermeável.

O grafite (arte em espaço público) exprime bem a ideia de integração da pintura com o espaço em que ela está. Paredes, piso ou teto com pinturas especiais podem ser bem coordenados com os demais elementos da decoração. Só é preciso ter criatividade e experimentar.

Outra sugestão é fazer uma paisagem primaveril em um móvel (usando a técnica de trompe l'oeil ou grafite) e aproveitar a mesma ideia na decoração, colocando tecidos com estampas florais em cortinas e almofadas, por exemplo. Assim você coordena a pintura especial com os demais elementos que compõem o espaço.

Saiba que todas as pinturas iludem o olhar e encobrem materiais. No passado, eram uma arte limitada às elites. Hoje, essas técnicas são mais acessíveis e, ao contrário do que parece, são muito simples. Por isso, vale a pena saber executá-las. Veja a seguir métodos de pintura que se enquadram no broken colour, todos de excelente resultado visual.

- ✓ **Esponjado:** bater com a esponja numa superfície já é considerado um esponjado, porém o que garante a riqueza do trabalho é o aperfeiçoamento da técnica. Para obter o melhor efeito do esponjado, é preciso fazer buracos irregulares na esponja e molhá-la em tinta esmalte. Depois bata a esponja numa folha de papel para que o excesso de tinta seja eliminado e o restante se espalhe homogeneamente pela esponja. Em seguida, é só aplicá-la sobre a superfície, com o cuidado de manuseá-la de modo irregular. É aconselhável começar com tintas claras em superfícies claras e tintas escuras em superfícies escuras.

- **Ragging:** os materiais utilizados para a execução dessa pintura são: tinta esmalte salpicada sobre a madeira, pincel grosso embebido em aguarrás para espalhar a "lama" de tinta na superfície e tecido trançado, que será rolado sobre a madeira e criará as marcas desejadas. Role o tecido trançado algumas vezes sobre a tinta, até absorver de maneira irregular toda a tinta da superfície.
- **Dragging:** é o processo que simula veios de madeira ou os tratamentos dados a ela (pátina, decapê, satinê etc.). As tintas esmalte (três cores no mínimo) são aplicadas sobre a madeira, uma de cada vez, com pincel picotado. Esse processo garante a secagem individual das camadas.
- **Flogging:** é adotado o mesmo princípio do dragging; a única diferença é que o pincel picotado não é passado sobre a madeira, e sim batido.

- **Combing:** segue o mesmo processo do dragging; a diferença é que, no combing, é utilizado um pente para retirar o excesso da tinta aplicada na superfície.
- **Marmorização:** são três as etapas para a execução da marmorização. A primeira é a criação de um fundo manchado em tons pouco contrastantes, utilizando tinta esmalte e aguarrás, que formarão uma "lama". Sobre essa camada é batido o tecido trançado ou a estopa. A segunda fase é a criação de manchas com o uso da estopa, que vão originar os veios em tons contrastantes com o fundo. Na terceira etapa, são feitas as rachaduras e os retoques com hastes flexíveis embebidas em aguarrás e deslizadas sobre a superfície, em sentido perpendicular aos veios da madeira.
- **Trompe l'oeil e grafite:** essas técnicas criam volumes, perspectivas e texturas, necessitando de projeto prévio. Se quiser simular uma paisagem no ambiente, é preciso desenhá-la sobre a madeira e selecionar os espaços em que a técnica será aplicada, pintando-os de acordo

com a característica que se deseja que eles tenham, criando assim várias texturas, volumes, contrastes. O trompe l'oeil e o grafite requerem conhecimentos bem específicos (proporção, perspectiva, combinação de cores, texturas etc.), por isso necessitam ser feitos por um desenhista ou grafiteiro. O artista dará à pintura todas as características necessárias para que ela se torne quase uma realidade. Por exemplo, a pintura de um jardim pode ficar linda em uma parede prolongando-se pelo teto do living, dando a sensação de ter a natureza dentro de casa.

Estêncil: não é uma técnica de broken colour, mas proporciona beleza e charme às superfícies. A partir de um molde vazado, aplica-se com uma pequena esponja tinta automotiva bem diluída em aguarrás. Todos os detalhes do desenho devem ser preenchidos. O estêncil pode ser utilizado em madeira com qualquer acabamento: laqueado, envelhecido, patinado etc.

Papéis de parede

Eles estão cada vez mais sofisticados e empregam tecnologia antimofo e antiumidade. Além disso, impedem a proliferação de ácaros e fungos.

O papel de parede é uma excelente opção para encobrir imperfeições, trincas e manchas de umidade sem ter de gastar com reformas.

Muitos papéis de parede possuem texturas que produzem um efeito diferenciado sobre a superfície em que são aplicados.

Qualquer tipo de superfície pode receber a aplicação desse produto: teto, azulejo, gesso, madeira, tampos e divisórias. Se você se cansar do papel de parede, alguns tipos podem receber várias pinturas diferentes para encobri-los.

Os papéis de parede são autoadesivos, o que garante a rapidez de instalação. Muitos são laváveis, por isso resistem ao tempo.

Por terem várias cores e padrões, podem servir do quarto do bebê ao lavabo.

Uma sugestão é colocar, na parte superior da parede, próximo ao teto, apenas uma faixa de papel de parede para finalizar a pintura. Se preferir, essa faixa pode ser colocada no meio da parede, dividindo uma área de pintura e outra de papel.

Outra boa pedida é emoldurar a lareira, dar acabamento a telas etc. Deixe a imaginação fluir.

Tecidos

Presentes na decoração, em objetos, móveis e complementos, os tecidos voltaram com força total, resgatando a elegância do passado. Eles são capazes de customizar o ambiente, com uma gama incontável de estampas, cores e texturas, e podem agradar a qualquer gosto, dos clássicos aos mais ousados.

Entre outras características, o tecido confere uma textura diferenciada à superfície em que é aplicado, a qual varia de acordo com sua composição.

Revestir a parede de tecido é uma opção para decorar o espaço. Além de transmitir personalidade, ele tem durabilidade e oferece certo isolamento acústico.

O importante é levar em consideração as cores predominantes no espaço e escolher um tecido que destaque o local e combine com a decoração, sem deixar o ambiente pesado. Os tecidos funcionam como curinga na decoração.

Essa também é uma boa ideia para os amantes do "faça você mesmo", por ser um revestimento barato e fácil de aplicar.

O passo a passo para quem pretende se aventurar e colocar a mão na massa é começar aplicando na superfície, com a ajuda de um rolo, cola branca diluída em água. Depois aplique o tecido com o auxílio de uma espátula. Passe-a cuidadosamente sobre o tecido para eliminar as imperfeições. Dê atenção especial aos cantos, para que fiquem bem colados. As sobras devem ser cortadas com um estilete. Se o tecido estiver seco, o corte será mais fácil.

Adesivos decorativos

Eles são sensacionais. Práticos e fáceis de aplicar, os adesivos podem ser colados em paredes, tetos e outras superfícies. São encontrados com facilidade no mercado, e basta ter uma boa ideia para fazê-los compor com o restante da ambientação.

Corações, flores, bichos, não importa o tema – é possível encontrar de tudo quando o assunto é adesivo. A internet está repleta de opções que podem garantir a concretização de uma ideia. É muito rápido, simples e barato de aplicar.

A escolha do adesivo decorativo, por tema ou por cor, vai depender de sua criatividade e do que você quer adicionar ao ambiente. Já vi mamães aplicarem adesivos de patinhos nas paredes do quarto do bebê, porque os bichinhos estavam presentes nos tecidos, recortados nas portas dos armários e desenhados na cabeceira e nos pés do berço.

Paredes de cor forte podem receber adesivos de tons suaves, claros ou terrosos, mas também é possível fazer um jogo de tom sobre tom.

Pense em como os adesivos podem interagir com o que já existe no ambiente. Por exemplo, uma cliente escolheu adesivos de espadas, paus, copas e ouros, os naipes das cartas de baralho, para aplicar nos azulejos brancos de uma parede da cozinha, porque os móveis e eletrodomésticos do ambiente tinham predominantemente as cores vermelha e preta.

O tamanho do adesivo deve ser proporcional ao ambiente. Desenhos pequenos ficam perdidos em espaços grandes e demasiadamente vazios.

Veja agora algumas dicas de aplicação e manutenção:

- **Escolha bem o local onde o adesivo será aplicado** – a incidência direta de luz solar pode desbotar o produto.
- **Antes de colar o adesivo, limpe e seque bem a superfície.**

- ✔ **Use uma espátula na hora de fixá-lo,** para evitar bolhas e imperfeições.
- ✔ **Limpe-o apenas com um pano úmido.**
- ✔ **Se quiser remover o adesivo, direcione o jato quente do secador sobre ele enquanto o puxa lentamente,** para evitar resíduos na parede. Em outras superfícies, basta eliminar as eventuais marcas com pano úmido e sabão neutro.

Tijolos aparentes

Muitas vezes, ao se descascar uma parede, é possível aproveitar toda a rusticidade dos tijolos que se mostram, deixando-os à vista e integrando-os à decoração. Mas esse recurso nem sempre funciona para a totalidade de uma ambientação, por conta da irregularidade dos tijolos, o que pode comprometer a estética.

Caso queira ter uma parede de tijolo aparente mais uniforme, o ideal é procurar empresas especializadas no assunto e ver de perto o tijolo. Nesse caso, o material é bem regular, e o resultado pode ser fabuloso.

Para isso, porém, é preciso subir paredes, reduzindo as dimensões do ambiente. Se o espaço já for pequeno, será preciso demolir toda a parede existente para fazer uma nova de tijolo aparente.

Se isso não for possível (em apartamento, por exemplo), deve-se subir a parede de tijolo aparente paralelamente àquela já existente, o que vai reduzir ainda mais o espaço.

Esse também é um recurso válido para quem quer abafar ruídos vindos do apartamento ao lado, por exemplo, ou deixar o ambiente mais quentinho.

Para que não desenvolvam bolor e fungos e não acumulem fuligem e poeira, os tijolos devem ser impermeabilizados, o que pode ser feito com a aplicação de resinas acrílicas ou silicones.

Quadros

As paredes estão nuas? É hora de adquirir obras de arte, tanto em tela (óleo ou acrílico sobre tela) quanto em papel (gravura, aquarela, nanquim, bico de pena etc.).

O primeiro passo é procurar galerias e lojas especializadas, que contam com equipe treinada para auxiliar na escolha das obras.

O segundo é estabelecer o critério de escolha, que pode ser de acordo com sua personalidade, seus gostos, sua sensibilidade. Uma obra de arte deve lhe "dizer" alguma coisa, além de valorizar e tornar os ambientes mais agradáveis.

Para emoldurar uma obra de arte, as próprias lojas ou galerias têm condições de oferecer orientação na escolha de materiais, cores e acabamentos.

Para ter uma moldura que valorize a obra de arte, é preciso escolher bem a cor, a forma e a textura da peça. Há regras, mas também há quem as quebre. Sempre vale coordenar bom gosto, bom-senso e harmonia. É importante que a moldura ressalte, valorize e complemente a obra de arte, além de ser o elo entre o quadro e o ambiente. A moldura não deve aprisionar ou sufocar a obra, mas ser suficiente para realçar suas formas, cores e linhas.

Quadros abstratos e fortes pedem molduras discretas. Já os figurativos costumam ser emoldurados com propostas mais clássicas. Algumas gravuras contemporâneas aceitam molduras de época.

A moldura jamais deve esconder a assinatura do artista e o número da obra, para que ela não perca valor de mercado.

Se tiver dificuldades para escolher a moldura e não puder contar com a consultoria de uma loja ou galeria, não hesite: peça ajuda a um bom moldureiro.

A madeira permite uma infinidade de acabamentos para a moldura. Escurecida, em pátina, decapê ou com marchetaria, ela deve atuar de maneira discreta sobre a obra.

Se a parede comportar vários quadros, harmonize as molduras.

Além de uma moldura adequada, outro elemento que valoriza e realça a obra de arte é o passe-partout (peça entre a obra e a moldura), que pode ser feito de papel ou de materiais alternativos. Tintas e adesivos decorativos podem enriquecê-lo. Alguns profissionais usam o recurso do passe-partout pintado no próprio vidro de proteção da obra. Nas telas, em geral ele é suprimido.

Tecnicamente, uma gravura pode ser valorizada com o uso correto de passe-partout e moldura. Você pode testar uma mesma moldura e variar os passe-partout, criando composições diversas que valorizem a obra.

Os pôsteres requerem apenas um suporte liso, porém precisam ser colocados com material especial, para que os produtos químicos da cola não alterem sua coloração.

Como dispor os quadros

A parede é um espaço muito importante para os olhos, um limite e até mesmo um entorno de convivência. Deve ser sempre visualmente estimulante e ter um equilíbrio perfeito entre a decoração e as obras ali expostas, conferindo personalidade ao ambiente.

Alguns profissionais defendem que não existe nenhum local insólito para pendurar quadros. Não hesite em pendurá-los no lavabo, nos quartos, na cozinha e até mesmo no banheiro. O mais importante é ter bom-senso e bom gosto na hora de escolher as obras, as molduras e a disposição dos quadros, compondo e valorizando o ambiente de maneira harmoniosa.

Algumas dicas podem facilitar o trabalho na hora de dispor os quadros nas paredes e podem servir como guia. Acompanhe:

Trace uma linha imaginária na parede, dividindo-a horizontalmente. Essa linha deve ser fixada em relação ao centro do ambiente, e não no centro da parede. Se na mesma parede estiverem localizados dois ambientes, como sala de estar e de jantar, trace uma linha para cada um, a qual vai funcionar como centro de equilíbrio. O agrupamento dos quadros deve ser feito em torno dessa linha.

A altura da colocação dos quadros é importante. Alguns profissionais aconselham que o centro do quadro esteja localizado na altura dos olhos. Outros recomendam que os quadros estejam a 1,10 metro do piso, sendo que essa medida se refere ao início da moldura.

Para colocar um quadro, a altura do pé-direito deve ser sempre levada em conta. Se ele for baixo, procure equilibrá-lo com obras verticais ou colocadas de maneira que criem volumes verticais, para não achatar visualmente o ambiente. Um pé-direito alto permite uma movimentação mais horizontal.

Lembre-se de que a altura do sofá também influi na posição dos quadros, que devem ser instalados de maneira que um elemento não interfira com o outro.

Alguns moldureiros recomendam que, numa composição, a obra de arte de maior valor emocional ou impacto visual seja centralizada na linha imaginária, equilibrando dessa forma a parede e toda a decoração.

Podem-se fazer composições simétricas, utilizando quadros do mesmo tamanho. Aqui valem tanto obras com as mesmas medidas como uma série de obras de medidas diversas, mas com molduras escolhidas de forma que os quadros fiquem como o mesmo tamanho.

Outra variedade pode ser a composição assimétrica, com quadros de várias medidas e tamanhos dispostos de maneira equilibrada. Esse recurso pode ser uma forma de movimentar visualmente o espaço.

Mais uma sugestão de composição pode ser o agrupamento temático – reunir gravuras de pássaros ou de flores, miniquadros, arte abstrata, tanto em tela quanto em papel.

Você pode fazer uma composição agradável combinando numa mesma parede quadros de tonalidades semelhantes.

Técnicas e objetos

Os profissionais e os especialistas da área se dividem quando o assunto é combinar na mesma parede quadros de técnicas diferentes e também coordenar quadros e objetos de decoração. Veja algumas dicas:

Você pode dispor numa mesma parede apenas telas ou apenas obras de arte sobre papel. Aqui, novamente, o que deve imperar é seu bom-senso e sua criatividade.

Muitos profissionais não recomendam a colocação de óleos e gravuras na mesma parede, pois o vidro que protege a gravura destoa dos óleos, prejudicando a visão do conjunto.

Quanto à coordenação entre quadros e objetos, procure manter sempre uma relação de equilíbrio, com poucos objetos bem escolhidos.

Cuidados com o ambiente

Segundo alguns moldureiros, os quadros a óleo são favorecidos quando colocados em cozinhas e banheiros. No caso dos banheiros, eles dizem que o vapor ali emanado protege a obra, que deve receber moldura laqueada e uma demão de óleo de linhaça na parte posterior, para não apresentar nenhum problema. Mas é bom não abusar do vapor, e sempre que possível mande fazer um *check-up* nas obras para verificar se não houve danos.

No caso das cozinhas, a gordura do ambiente, quando moderada, pode beneficiar a peça. O excesso deve ser removido periodicamente com algodão embebido em água e sabão neutro.

Em outros ambientes da casa, é preciso evitar apenas paredes úmidas. Se houver esse problema na sua casa, primeiro sane-o e depois disponha as obras. Caso isso não seja possível, uma opção é recortar quadradinhos de isopor ou espuma e colocá-los nos quatro cantos do quadro, atrás. Dessa forma, evita-se o contato direto do quadro com a parede úmida, impedindo a formação de fungos.

Outra sugestão para preservar gravuras é aplicar plástico adesivo transparente na parte posterior ou mesmo em toda a gravura.

Nem sempre um quadro necessita de iluminação artificial específica para ser realçado. Luz natural é a melhor pedida. Cuidado apenas com o sol direto, que pode danificar irremediavelmente uma obra de arte.

Quanto à iluminação artificial, procure usar uma luz suave, que não agrida a obra. Uma fonte de luz inadequada rouba a visão de tons e meios-tons, detalhes e sombras.

Cortinas

Atualmente, ninguém tem tanto tempo para perder lavando as cortinas de casa ou levando-as para lavar. Cortinas pesadas, grossas e enfeitadas podem ser bem complicadas de retirar e lavar. Cortinas e crianças muitas vezes não combinam e, nesse caso, a lavagem deve ser mais frequente. Por isso, o ideal é escolher modelos simples e práticos. Apesar de haver outras opções, como persianas nas janelas, as cortinas são itens que podem valorizar os ambientes. Veja algumas dicas:

As cortinas são peças-chave para transformar qualquer ambiente, conferindo-lhe um toque sutil de charme e elegância.

As cortinas disfarçam as linhas retangulares das portas e janelas e podem esconder defeitos e desproporções da arquitetura. Portanto, muitas vezes são necessárias à decoração, outras vezes podem ser substituídas por persianas. Tudo vai depender de sua análise, estilo, gosto, criatividade e bom-senso.

Antes de pensar no quesito decoração e escolher as cortinas, é preciso verificar a real necessidade do ambiente. Entre outras questões, é importante saber se ele pede luminosidade ou não, se é quente, se a janela está próxima de muita poluição e fumaça, tudo para não errar na hora da compra. Afinal, existe um tecido ideal para suprir cada uma dessas necessidades. Consulte um bom tapeceiro, que saberá informar qual o melhor tecido para cada caso.

Na hora de escolher a cortina, verifique a característica do ambiente. Se for muito formal, a cortina deve ser um pouco mais elaborada.

O modelo da cortina vai depender do tamanho da janela ou da parede em que ela será instalada.

É melhor ter uma cortina bem farta de tecido mais barato do que uma cortina minguada de tecido caro.

Cortinas franzidas podem ser fabricadas com tecidos leves. Porém, para que tenham bom caimento, devem ter a altura completa da parede, assim não ficam armadas.

Cortinas de prega macho podem ser utilizadas com tecidos sobrepostos.

Cortinas de ilhós podem ser feitas com qualquer tipo de tecido. O que vai proporcionar o caimento é a distância entre um ilhós e outro. Assim, podem também ser utilizadas sobrepostas com tecidos fluidos e transparentes.

Para diminuir a luminosidade do ambiente, o mais indicado são cortinas sobrepostas, que podem ser trabalhadas em composições lisas, floridas ou listradas.

Se o objetivo é eliminar a luminosidade, deve ser utilizado um blackout por baixo da cortina.

As cortinas mais fluidas e de tons claros e neutros tornam o ambiente mais aconchegante.

O mercado oferece muitas opções de tecidos, que vão desde os naturais até os sintéticos. A cartela de produtos é bem variada. Além dos tecidos lisos, o consumidor tem infinitas opções, como listrados, xadrezes, estampados, bordados, jacquards e organzas decoradas.

Na hora de escolher a cor do tecido da cortina, a recomendação principal é observar o contexto do ambiente onde ela será instalada. Se os outros itens que compõem o espaço forem marcantes, com muitas cores e desenhos, é melhor escolher cores mais neutras para a cortina. Se o restante da decoração for neutro, podem-se usar tecidos com mais informações. Tudo depende de quem vai usufruir do espaço.

A beleza das cortinas está na combinação de todos os elementos que as compõem. Afinal, as possibilidades são imensas e os tons podem ir do branco ao chocolate, bronze, violeta e cítricos.

Se o ambiente for amplo, as cortinas podem ter uma tonalidade mais forte, como café, preto ou prata. Nesse caso, o indicado é prevalecer tons neutros e mais claros nos móveis, com detalhes como uma almofada ou um tapete num tom mais escuro.

Se o ambiente for pequeno, as cortinas devem ter um tom mais claro e tecido mais fluido, para causar a impressão de amplitude.

Cortinas sintéticas duram mais, por isso são mais recomendadas para locais de uso intenso. Além disso, sua conservação é mais simples.

Tecidos de fibras naturais, como algodão, seda e linho, proporcionam mais delicadeza ao ambiente e realçam a beleza das cortinas.

O linho, em especial, tem alta resistência, porém requer cuidado maior quanto ao comprimento da cortina, já que pode encolher ao ser lavado.

Para casas e apartamentos onde há muita incidência de sol nas janelas, o ideal é usar cortinas de poliéster. É que, após um período de exposição diária ao sol, as fibras naturais tendem a ter uma alteração na cor.

As cortinas de fibras sintéticas ou contas podem receber acabamento especial, que dificulta o acúmulo de poeira e facilita o processo de lavagem.

Cortinas de contas são feitas com fios pendurados lado a lado e bastante utilizadas para separar ambientes, por não dificultar a passagem. Quando usadas na janela, têm a vantagem de não impedir a entrada da claridade, mas ainda assim dificultam a visão de fora para dentro.

Para acertar no tamanho da cortina, a conta mais correta é usar, para cada metro de varão, três metros de tecido, assim a cortina terá melhor caimento e leveza.

Existem também as cortinas romanas, as românticas, os rolôs e outros estilos à sua disposição.

8
PISO

Revestimentos

Soluções muitas vezes econômicas, artesanais e criativas podem melhorar os mais variados pisos. A boa escolha e a combinação adequada de materiais vão garantir beleza, versatilidade e resistência aos espaços.

Antes de qualquer movimentação para atualizar os pisos de casa ou do apartamento, é preciso verificar as condições dos já existentes.

⚠️ **Lembre-se:** toda a base deverá estar seca, ou seja, livre de infiltrações.

Se necessário, contrate um profissional para fazer os reparos, o que certamente vai evitar desperdícios de tempo e dinheiro. Faça um planejamento prévio e pesquise o preço dos materiais e da mão de obra.

Se você não pretende trocar o revestimento do piso, siga estas dicas para renová-lo:

- **Ladrilhos hidráulicos:** seguindo o mesmo processo artesanal do passado, os ladrilhos hidráulicos só podem ser aplicados sobre o contrapiso. Feitos basicamente de cimento, areia e pigmentos, se estiverem inteiros basta uma boa limpeza para renová-los completamente. Para isso, lave-os com água, sabão em pó e água sanitária, esfregando com uma vassoura. Enxágue-os com água corrente e seque-os com rodo e um pano. Depois aplique algumas demãos de cera para dar brilho. Caso algumas peças estejam quebradas, elas podem ser repostas, bastando procurar o fabricante. Algumas empresas providenciam a confecção dos ladrilhos faltantes no mesmo desenho, cor, tamanho e espessura dos já existentes, o que pode sair muito mais em conta do que trocar todo o piso. Se preferir, as peças danificadas podem ser removidas e substituídas por outros materiais de maneira aleatória, mas para isso é necessário fazer um estudo prévio.

- **Mosaico (figura fragmentada):** essa técnica artesanal está na moda em peças de decoração, por isso pode deixar a casa ou o apartamento com uma cara bem atual. Ao utilizar esse bonito recurso, aproveite os vãos deixados por pisos danificados, como placas cerâmicas quebradas, tacos ou tábuas de madeira faltantes etc. O mosaico é feito com cacos de azulejo, mármore, granito, entre outros materiais. Para evitar erros, não aplique os cacos do mosaico diretamente na argamassa. Antes, trace o desenho desejado sobre uma folha de papel. Aplique cola comum na superfície de cada pedacinho do material escolhido e cole-os no papel. Depois que o desenho estiver preenchido com os fragmentos, inverta a posição do papel e transfira-os para a argamassa. Quando esta estiver seca, a folha de papel poderá ser retirada. Repita a operação para cada espaço a ser preenchido. Com um pouco de criatividade, é possível obter ótimos efeitos. Os desenhos podem ser encomendados a artistas plásticos.

- **Placas cerâmicas e porcelanatos:** para ser instalados sobre o contrapiso, são uma alternativa bastante prática, e o mercado oferece inúmeras opções, que agradam aos mais variados gostos. Quando estiverem inteiros e colocados com argamassa ou cola adequada, uma boa limpeza com água e sabão pode recuperar o aspecto e o brilho. Existem casos em que sai mais barato repor as peças danificadas por similares (encontradas em "cemitérios" de azulejos) do que substituir totalmente o revestimento. Uma dica criativa é retirar as peças quebradas e outras aleatoriamente, de maneira que esses espaços sejam preenchidos com uma mistura de cimento queimado, água e pó xadrez.

✔ **Rejuntamento novo:** as placas ou os porcelanatos existentes no piso estão em bom estado, mas os rejuntes estão velhos e sujos? Não se preocupe – eles podem ser substituídos, desde que a fixação das cerâmicas esteja firme. Para retirar o rejuntamento antigo, é necessário o uso cuidadoso de uma serra circular. Depois da limpeza, aplica-se o novo rejunte. O uso de mão de obra especializada para executar esse serviço vai evitar que as peças se danifiquem.

✔ **Tacos e tábuas corridas:** existem algumas possibilidades para transformar o velho revestimento de taco ou tábua em um piso muito especial e bonito. Mas cuidado – esse trabalho deve ser feito por profissionais competentes. O primeiro passo para tingir os tacos é lixá-los. Em seguida, utiliza-se a seladora para tirar a porosidade da madeira, depois é hora de aplicar pelo menos algumas demãos de produtos específicos para dar brilho. Clarear tacos e tábuas corridas requer alguns cuidados na hora de lixar – fazer muita pressão com a lixa pode danificá-los. Depois disso, aplicam-se amoníaco e água oxigenada acima de cinquenta volumes. A fórmula deve ser retirada da madeira com o auxílio de um rodo. A operação deve ser repetida até se chegar à tonalidade pretendida. Para dar brilho, basta aplicar camadas de cera pastosa incolor. Outra sugestão é o uso do sinteco com anilina branca. O primeiro material escurece a madeira, enquanto a anilina clareia. É preciso dosar os dois materiais para chegar à tonalidade pretendida e um não neutralizar o outro. Riscos ou desgastes no verniz são corrigidos com a raspagem e a aplicação de cera ou verniz para dar brilho. Depois, é preciso selar o piso com resina ou silicone para evitar o acúmulo de poeira e micro-organismos, que podem ocasionar problemas alérgicos. Recobrir pisos antigos com revestimento vinílico ou carpete é uma solução econômica e rápida, que vale para pisos de madeira, cerâmicos e até mesmo sobre contrapiso.

- **Mármores e granitos:** recuperar a beleza e o brilho dos mármores e granitos não é tão difícil como parece. Às vezes, uma boa lavagem com água e sabão de coco, seguida da aplicação de cera incolor e lustração, pode resolver o problema. Existem também produtos prontos especiais para essas rochas, encontrados em casas especializadas. Os riscos podem ser amenizados com o uso de lixa de parede bem fina, passada levemente sobre o piso durante quinze a vinte minutos. Cuidado: teste o procedimento em um pedaço de rocha à parte. Se houver manchas (de graxa, tinta, gordura etc.), espalhe sobre elas gesso molhado e retire com um pano. Repita o procedimento até que as manchas desapareçam por completo.

- **Tijolos:** conferem uma aparência rústica aos ambientes. Encontrados em lojas especializadas, os tijolos têm reposição bastante fácil. Podem ser mesclados com placas cerâmicas decoradas ou apenas lixados com máquina própria. Depois entram demãos de cera incolor e lustração. Também podem ser mesclados ao piso já existente, formando um mosaico.
- **Pinturas:** a aplicação da tinta requer uma boa fixação na superfície do piso, caso contrário todo o trabalho estará seriamente comprometido. Se optar por pisos com pinturas especiais (estêncil, esponjado etc.), consulte os grandes fabricantes de tinta, que possuem serviços de atendimento ao consumidor. Eles podem fornecer informações úteis sobre os fundos adequados (tipos de materiais que promovem maior aderência das tintas ao piso) a cada superfície (madeira, cerâmica etc.). Sobre eles, trabalha-se com tinta látex, esmalte, tinta a óleo, dependendo da técnica de pintura a ser utilizada. Por exemplo:

para pinturas figurativas confeccionadas à mão livre, recomenda-se tinta a óleo aplicada com pincel. Texturas, manchas ou pátinas feitas com estopas, esponjas e lixas exigem tinta látex.

- **Cimentados:** algumas empresas possuem tintas específicas para tingir cimentados. Rápidas de aplicar, fáceis de encontrar, simples de manter e econômicas, estão disponíveis em várias cores. Outra sugestão para recobrir essa superfície é uma mistura pastosa de pó de mármore, cimento branco e água, que resultará num interessante elemento decorativo e ótimo revestimento. Use a criatividade, associando à mistura mosaicos feitos com tacos e azulejos quebrados intercalados. Depois é só impermeabilizar com cera incolor e dar brilho.

Não se esqueça de ter muito cuidado para fazer esses serviços, pois os erros serão irreparáveis no piso já instalado. Sempre que possível, conte com ajuda profissional.

Tapetes

O tapete desempenha um papel muito importante na decoração, já que faz a integração dos elementos do conjunto. Essa peça pode até esconder imperfeições do piso, mas o melhor é que seja usada como forro ornamental.

Entre as muitas opções de tapetes industriais encontradas no mercado, existem as antichamas, próprias para alto tráfego e antialérgicas. Escolha a que melhor atende às suas necessidades.

O tapete pode ser de lã natural ou sintética, fibra natural, pele de vaca e até de PET (material plástico das garrafas de refrigerante). A diferença entre a peça industrial e a artesanal é que essa última é feita à mão ou em tear manual.

O tapete aquece o ambiente e pode trazer aconchego, se utilizado em regiões em que o frio é muito intenso.

Pesquise e certamente achará inúmeras opções de tapetes. Afinal, o design dessas peças é bem variado e para todos os gostos. Essa dica vale principalmente para o tapete artesanal brasileiro, que caiu no gosto do mundo inteiro por ser marcante e diferenciado. Em Pernambuco, em 1966, nasceram os tapetes bordados à mão. Um luxo!

Existem outras opções assinadas por designers ou artistas plásticos nacionais de renome. Ao contrário do que se imagina, os temas não são araras, tucanos, plantas e flores nativas, mas desenhos atuais e diferentes do que poderia ser considerado o estereótipo nacional.

Uma curiosidade é que, em pequenas cidades ou regiões rurais, o artesanato se desenvolve rapidamente e atin-

ge novas gerações, graças ao estímulo e à orientação de profissionais gabaritados da área. Em Minas Gerais, no Ceará e mesmo no interior de São Paulo, podem ser garimpadas peças únicas e de extremo bom gosto.

Em relação ao tamanho do tapete, o importante é que ele fique numa área demarcada com elegância. Em outras palavras, que esteja perfeitamente adequado às dimensões do espaço. Um modelo muito pequeno em frente ao sofá pode ficar estranho.

Por outro lado, quanto maior o tapete, maior a sensação de amplitude, mas cuidado com o exagero.

Modelos redondos são difíceis de usar, mas podem ser uma opção para quem gosta do estilo moderno. Não é fácil distribuir os móveis sobre um modelo assim. O ideal é que tudo fique sobre ele, e isso só será possível se o ambiente for grande. Em áreas pequenas, a saída é distribuir vários tapetes pequenos.

Se for colocar tapete sob a mesa de jantar, lembre-se de que cada borda deve ter um metro a mais do que a área ocupada pela mesa.

Tapetes quadrados combinam melhor com tampos redondos e quadrados. Já os retangulares se harmonizam com móveis retangulares e ovais.

Outro detalhe importante é a prevenção de manchas – prefira materiais resistentes a lavagens frequentes, como os de lã pura e os 100% náilon.

Se o ambiente já tem muitas cores, escolha tapetes mais neutros, e vice-versa.

Nos quartos com piso de madeira ou piso frio, a solução mais interessante é colocar um tapete retangular no sentido contrário ao da cama, de forma que ele fique sobrando nas laterais e na frente – uma versão elegante dos três tapetinhos em volta da cama. Nos dormitórios com carpete, não coloque tapete, afinal o revestimento já cumpre a função de aconchego que o ambiente pede. Só não se esqueça de escolher modelos antialérgicos.

Você sabe como combinar tapetes em ambientes próximos, como sala de estar e de jantar? Eles não precisam – nem devem – ser iguais, senão acabam parecendo um carpete. Busque um denominador comum entre os modelos: pode ser a cor, a textura, uma estampa ou até a moldura de acabamento. Quanto à distância entre eles, é preciso estudar caso a caso. Experimente!

Tapetes mais peludos (de náilon, lã, retalhos de couro ou lycra) ficam bem em ambientes contemporâneos. Tapetes de pelos altos agradam em locais onde as pessoas ficam descalças, como sala de TV e quarto. Em outros espaços, é preferível usar tapetes baixos – de pele, algodão feito em tear manual, náilon de pelo curto ou fibras, como sisal e seagrass.

Tapetes orientais nunca saem de moda e ficam harmoniosos em qualquer decoração, além de serem uma espécie de obra de arte.

É muito importante saber conservar seus tapetes. Para cada matéria-prima existem dicas de manutenção específica, mas os cuidados gerais são sempre os mesmos. Não deixe o tapete exposto ao sol, pois as cores podem desbotar. Atenção aos vasos por perto – se o tapete molhar, pode mofar. Caso isso ocorra, limpe a peça enquanto ela ainda estiver molhada e seque-a. Passe aspirador diariamente no sentido da trama para conservar a peça sempre bonita.

Lave o tapete a cada dois anos ou sempre que perceber cores opacas, tramas endurecidas ou ressecadas, manchas ou perda de brilho. O serviço deve ser feito por lavanderias especializadas. Caso haja derramamento de líquidos, seque imediatamente. Quase 100% das manchas saem se forem removidas na hora.

Tapetes e animais de estimação podem conviver, desde que sejam observados alguns cuidados. Gatos têm o hábito de arranhar e desfiar a trama dos tapetes. Em vez de tentar eliminar esse hábito, disponibilize locais, como arranhadores, em que o bichinho possa exercer seu comportamento sem fazer estragos. Outro truque é espirrar água na cara do bichano na hora da ação, para mantê-lo longe dos fios. A urina dos bichos é muito ácida e mancha mesmo. A dica é usar tapetes de PET (material das garrafas de refrigerante) e polipropileno – basta lavar o tapete e as manchas desaparecem.

Acidentes acontecem, mas podem ser evitados colocando-se produtos antiderrapantes embaixo dos tapetes, como mantas de PVC ou tiras de borracha coladas no meio ou nas bordas.

9
MÓVEIS

Desde que o homem é homem, ele vive em grupo e se reúne para fazer as refeições. A história da humanidade tem ligação direta com a história do mobiliário. O homem foi evoluindo e sua forma de morar também. Assim, o móvel, como toda manifestação artística, é reflexo da vida do homem, de seus costumes e de determinadas épocas.

Muitas famílias se desfazem de móveis valiosos por desconhecerem o valor do que têm em casa. Se você nunca se interessou pelo assunto, é bom começar conhecendo um pouco da história do mobiliário brasileiro. Quem sabe você tem uma preciosidade dessas em família? Por exemplo, uma cristaleira que talvez tenha pertencido à sua avó pode estar "perdida" na casa de alguém da família, ou mesmo na sua, e você não sabe o valor do móvel em dinheiro e como efeito decorativo. Talvez ela precise apenas de restauro.

Depois de saber um pouco mais sobre a história do mobiliário brasileiro, procure visitar as lojas ou pesquisar na internet sobre elas e sobre os designers mencionados a seguir. Você vai conhecer os maravilhosos móveis de renomados designers disponíveis no mercado, além de se surpreender com a beleza das formas, cores e materiais.

Lembre-se: com criatividade tudo é permitido. Quem sabe surge uma nova ideia para coordenar o móvel que você acabou de conhecer com o que você já tem em casa?

Mobiliário brasileiro

Para contar um pouco da história dos móveis brasileiros, é preciso voltar até cerca de 1580 e procurar por inventários e testamentos de famílias tradicionais.

Com os colonizadores da primeira metade do século XVI, arcas, baús e cadeiras chegaram ao Brasil. As camas só começaram a aparecer no fim desse século. Até então, as redes eram mais práticas e fáceis de transportar, influência dos índios que povoavam o país.

Com o comércio dos produtos obtidos da cana-de-açúcar, os senhores de engenho puderam construir as sedes das fazendas com mais móveis, que vinham de Portugal ou eram confeccionados aqui por exímios artesãos. Assim começava a nascer o móvel brasileiro.

Um pouco mais tarde, a confecção dos móveis passou a unir os equipamentos e o modo de fazer indígenas, a mão de obra escrava e as necessidades e os conhecimentos portugueses. O resultado foi uma produção híbrida, um pouco mais em conta do que importar móveis europeus, e com isso jacarandás e outras madeiras de lei foram abatidas sem piedade.

Em 1915, a cama patente se tornou um marco na história do design de móveis brasileiro. Projetada pelo espanhol radicado no Brasil Celso Martinez Carrera (1883-1955), a peça foi construída com madeiras torneadas e formas simples, de linhas puras e leves. Era composta por um conjunto básico de cabeceira, suporte para os pés e estrado, com conceito funcional e eficiente, o que permitiu a produção em série e a comercialização a preços populares.

A partir do século XX, as fontes sobre o mobiliário nacional são abundantes: jornais, revistas, estudos dedicados a arquitetura, design e decoração. Alguns museus, como o Museu da Casa Brasileira, podem pincelar essa história.

Em termos de registro histórico, a história do design de produto é bem recente no Brasil. Seus primeiros passos remontam às décadas de 1930 e 1940, com precursores que vieram da Europa e outros – a maioria arquitetos – que faziam parte da elite cultural do país.

Os primeiros trouxeram na bagagem bom gosto e disposição inventiva. Os demais eram criativos e, por conta de suas incontáveis viagens, acompanhavam as tendências mundo afora para trazê-las ao Brasil.

Ambos encontraram no país um campo fértil e inexplorado para pôr em prática suas ideias. Entre os estrangeiros, figuram nomes como o do português Joaquim Tenreiro. O hábil carpinteiro, estabelecido no Rio de Janeiro, produzia seus móveis manualmente e soube combinar madeiras brasileiras como ninguém.

Parte dessa história é contada também por Lasar Segall e seu concunhado, o arquiteto Gregori Warchavchik. No Brasil, eles construíram suas casas com móveis totalmente pensados para cada ambiente – uma atitude inovadora para os padrões da época.

Na década de 1940, desenhar móveis personalizados para casas tornou-se prática comum entre a sociedade brasileira abastada. O arquiteto austríaco Martin Eisler desenhou os móveis da casa do cunhado, Ernesto Wolf. Anos mais tarde, ambos fundaram a loja Móveis Artesanais.

A década de 1950 se mostrou promissora para a fabricação de móveis em escala industrial. As primeiras lojas do gênero foram inauguradas. E três arquitetos – dois brasileiros, Roberto Aflalo e Miguel Forte, e um suíço, Jacob Ruchti – abriram a Branco & Preto, em São Paulo.

No Rio de Janeiro foi criada a Oca pelo arquiteto Sérgio Rodrigues, autor da premiadíssima poltrona Mole (1957), exposta até no Museu de Arte Moderna de Nova York (MoMA).

Paralelamente ao planejamento de Brasília, Oscar Niemeyer desenhou móveis com sua filha, Ana Maria Niemeyer, para a loja paulistana Teperman, assim como para os edifícios do Congresso Nacional e para os Palácios do Planalto e do Itamaraty, na capital do país.

A arquitetura no Brasil avançava a passos largos e o mobiliário trilhava o mesmo caminho. Figuravam nesse cenário nomes como Lúcio Costa, Henrique Mindlin, Oswaldo Bratke, Lina Bo Bardi, Paulo Mendes da Rocha, Marcelo Ferraz, Marcelo Suzuki, José Zanine Caldas e Sérgio Bernardes.

Em 1960, com o objetivo de oferecer mobiliário mais acessível, o designer francês Michel Arnoult inaugurou, em São Paulo, a Mobília Contemporânea.

Hoje, fazem parte da história do design nacional nomes como irmãos Campana, Guto Índio da Costa, Jacqueline Terpins, entre outros.

Talvez essas peças não estejam dentro de suas possibilidades financeiras, mas, conhecendo melhor o assunto, seu repertório certamente vai se tornar mais amplo e seu gosto mais apurado. Então, vai ficar mais fácil escolher os móveis para sua casa.

Móveis originais de estilo são encontrados apenas em museus e são valiosíssimos. Há quem prefira mandar fazer uma cópia para tê-la em casa, já que a aquisição de um móvel original desses é quase impossível – não tem dinheiro que pague.

Mandar fazer uma cópia do móvel antigo que você amou e integrá-la à sua decoração pode ser o detalhe ou mesmo o arremate que faltava em sua casa.

Cada estilo tem suas próprias características, com influências econômicas, religiosas e políticas, e reúne culturas de diversos povos, cuja influência aparece na arquitetura, na decoração e nos móveis.

É certo dizer que o estilo é o reflexo de uma época. Como o assunto é amplo, aqui serão pinceladas apenas alguns estilos de móveis que expressaram uma determinada época em Portugal, na França e na Inglaterra e fizeram parte também da nossa história, porque chegaram ao país por nossos antepassados.

No início da colonização no Brasil, os móveis portugueses reinavam – e não podia ser diferente, por conta de toda a limitação encontrada por aqui. Mais tarde, muitos modelos da corte começaram a ser copiados e fabricados por estes lados, porém eram mais rústicos e feitos com madeira grossa. Tudo porque o transporte de móveis do reino para o litoral brasileiro era muito difícil.

Por volta do século XVII, com a descoberta do ouro em Minas Gerais, Goiás e Mato Grosso, o poder econômico deslocou-se para o centro-sul do país. Os súditos de João V chegaram em busca de riqueza e influenciaram a cultura e a produção local. No mesmo período em que aqui explodia o Barroco (com berço em Minas Gerais), rico em entalhes, recortes e uso de pintura, em Portugal originou-se o estilo dom João V.

> **Estilo português:** por volta do século XVII, surge em Portugal o estilo dom João V. A cadeira tinha uma estrutura sinuosa, finalizada com *cabriolet* e às vezes com pés em forma de garra e bola. O assento era estofado e revestido de veludo ou seda. O móvel desse estilo, além da influência francesa, incorporou outras características, devido às relações de comércio entre Portugal e Inglaterra. As cômodas eram simples, algumas semelhantes às de estilo Luís XV. Assim também eram as papeleiras ou secretárias, com linhas simples e elegantes.

- **Estilo inglês:** com Henrique VIII (por volta de 1500), a nobreza da Inglaterra começou a adotar novas ideais de influência estrangeira. Além disso, a vida na corte era mais luxuosa. Uma nova classe de ricos não havia ainda adquirido entendimento para apreciar boas formas. O mobiliário da Renascença primitiva tinha aspecto maciço e malproporcionado e era muito ornamentado. Já o mobiliário da Renascença era bem-acabado e com estrutura retilínea. Nessa época, as cadeiras eram mais comumente usadas e tinham assento retangular e espaldar alto, reto, dividido em painéis enriquecidos com entalhes. A marchetaria era feita com tema de bichos, pássaros, flores e frutos. As mesas, ainda em cavaletes, tinham suportes fixos.
- **Estilo francês:** rebuscado e sobrecarregado – essas duas palavras definem bem o estilo Barroco, nascido por volta de 1660 na França, sob o reinado de Luís XIV, o rei Sol. Foi uma época grandiosa, com enorme desenvolvimento artístico e comercial. Pintores, escultores e fabricantes

de móveis encontraram ambiente propício à sua criatividade. O Barroco impôs as linhas curvas, o excesso de ornamento, a madeira torneada, tudo trabalhado com força dramática. As dimensões eram palacianas. A marchetaria também se destacava em madeiras como ébano e nogueira. As camas eram monumentais, com colunas e baldaquinos, algumas vezes ocultadas por pesadas cortinas. O período destacou cadeiras, veladores (mesas para apoiar candelabros), cômodas. As poltronas, de linhas acentuadas, tinham braços e eram confortáveis.

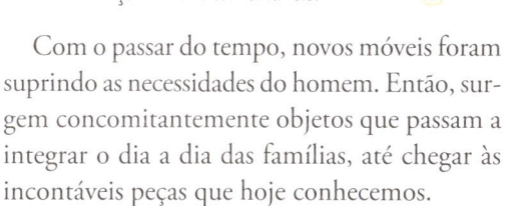

Com o passar do tempo, novos móveis foram suprindo as necessidades do homem. Então, surgem concomitantemente objetos que passam a integrar o dia a dia das famílias, até chegar às incontáveis peças que hoje conhecemos.

O móvel de estilo tem características peculiares. Se você se interessou pelo assunto, procure conhecer outros estilos, épocas e países (neoclássico, século XIX e outros). Dessa maneira você terá mais repertório e segurança para compor a decoração e deixar fluir a criatividade.

Objetos

Se fosse possível enxergar o passado, o homem primitivo seria visto trabalhando na execução de peças e esculturas e na modelagem de ídolos. A Antiguidade compreende os períodos pré-clássico e clássico e as artes do Egito, Assíria, Babilônia, Pérsia, Índia e Creta e, num segundo momento, da Grécia e de Roma.

Como não se pode desvincular o homem da religião, lá nos primórdios ela está, mostrando que sempre foi fonte de inspiração para as manifestações humanas. Por isso, a arquitetura é recheada de ricos templos.

No Brasil, a maior expressão de arte foi encontrada justamente no estudo dos índios primitivos. São as cerâmicas da ilha de Marajó. Potes, bacias e vasos tinham ornamentações de figuras pintadas ou gravadas representando ídolos, ou incorporavam desenhos geométricos.

Assim como no mobiliário, surgem os objetos que expressam uma época e uma cultura. No início a produção é feita artesanalmente, mas, com a incorporação da máquina, torna-se industrial, e assim surgem a concepção de produtos e sistemas e a denominação "design de produto". Então, objetos passam a ser fabricados de modo industrial, artesanal e unindo os dois modos.

A partir dessa nova possibilidade e paralelamente a ela, logo despontam o design têxtil, composto por estruturas fibrosas, como cortinas e tapetes; sistemas de iluminação; desktop design, ou design de editoração; softwares (programas); fashion design (design de moda); entre outras possibilidades. Tudo para mostrar que, a partir da industrialização, o homem dá um salto e anda com agilidade pela história quando o assunto é produto.

Antiguidades

Para muitas pessoas, adquirir peças antigas é um hábito. É também uma maneira de valorizar as criações artísticas e não deixar que apenas a linguagem atual prevaleça na decoração, além de ser um investimento.

Se você se interessa pelo assunto, pesquise sobre antiguidades e verá como esse trabalho é minucioso e rico em detalhes, e como peças que lhe passavam despercebidas podem ganhar relevância e lugar de destaque na decoração da sua casa.

Mesmo porque ter um singelo objeto antigo em um cantinho da casa pode ser apenas uma maneira de demonstrar algum valor sentimental familiar e não faz mal nenhum. Por outro lado, algumas peças antigas valem uma pequena fortuna, e os especialistas sabem muito bem disso.

O mercado de antiguidades conquista gradativamente um merecido espaço. No Brasil, começou a se estabelecer apenas no século passado, por conta da falta de tradição no assunto. Com o tempo, lojistas estrangeiros passaram a procurar por acervos e coleções brasileiras, chamando atenção sobre o assunto. Famílias tradicionais passaram a comercializar móveis e objetos de suas árvores genealógicas, e assim surgiram os primeiros antiquários no país.

Há quem diga que a profissão de antiquário é especial, por envolver conhecimentos profundos do assunto, experiência e muita vocação. É muito mais que um simples comércio. Hoje, além dos inúmeros antiquários espalhados pelo país, ainda existem os leilões e as feirinhas de antiguidades. Elas são ótimas e ainda têm o caráter de educar e estimular as pessoas a essa prática. Nelas podem ser encontradas verdadeiras relíquias, mas é preciso conhecer o assunto, para não comprar gato por lebre.

Os profissionais do antiquariato promovem diversas ações para coibir transações pouco confiáveis, como é o caso das associações de antiquários. Elas prestam serviços como peritagem e avaliação de obras de arte, com emissão de laudos comprobatórios de autenticidade (quando for o caso), além de viabilizar a troca de informações entre os interessados no assunto.

No Brasil existem outras entidades especializadas, além de sindicatos que colaboram para tornar sério o mercado já existente. Se você quer comprar antiguidades ou mesmo mandar avaliar uma peça de família, é bom começar exigindo o certificado de autenticidade das peças. Em geral, o que é antigo é caro, mas existem móveis e objetos para todos os gostos e bolsos, que farão a diferença na decoração.

Visitar antiquários e feirinhas é um bom começo para se familiarizar com as peças e saber quais estão mais de acordo com o seu gosto. Agregá-las à decoração da sua casa vai depender de você. Mais uma vez, é preciso ter criatividade, conhecimento e bom-senso.

Mesas decoradas

Escolha uma ocasião: Páscoa, Natal, aniversário de casamento. Toda a alegria e o encantamento de uma festa e, principalmente, seu estado de espírito poderão estar refletidos na decoração de uma mesa posta para ocasiões especiais.

Comece por um tema. Se ele envolver cores, saiba combiná-las e não tenha medo de ousar. Além disso, a ideia básica é desfrutar de tudo que se tem à mão. Aceite também as ofertas da natureza: flores e frutas. Parta sempre do que é bem simples e bonito.

Por exemplo, numa mesa antiga maciça de madeira, você pode aproveitar a beleza do material e colocar sobre ele itens que se harmonizam. Opte por peças rústicas, como cerâmicas coloridas, e objetos que se coordenam ou mesmo se contrastam. Eles podem ser colocados sobre a mesa apenas para dar um toque de charme e bom gosto. Vasculhe a casa e logo verá que existem muitas opções que poderão ser aproveitadas. Lembre-se: é preciso testar.

Caso você ainda não tenha reunido muitos objetos, a proposta é perceber qual é o seu estilo ou gosto pessoal e o que você quer aproveitar para a ocasião. Às vezes, poucos e bons objetos, como os de design, podem valer por toda uma composição.

A ideia da mesa é ser uma base decorativa. Se sentir necessidade, releia o capítulo sobre medidas e proporções (páginas 20-23) deste pequeno livro. Os mesmos princípios devem ser adotados para compor sua mesa decorada.

10
ILUMINAÇÃO

A luz é essencial ao homem, e, para ter uma boa iluminação no ambiente, lojas e profissionais especializados no assunto têm a solução. Com ajuda especializada, pode-se chegar à precisão de cores mesmo durante a noite e a outros critérios subjetivos, além de se obter a quantidade de luz necessária para as atividades que serão desenvolvidas no espaço. Muitas vezes, para chegar ao resultado desejado, é necessário um projeto luminotécnico, que leve em conta a estética e a praticidade.

Contrastes criados pela luz podem alterar nossas sensações favorável ou desfavoravelmente. Cabe ao projeto de iluminação controlar esses contrastes de forma que permita uma interpretação correta do espaço. Por exemplo: numa parede, arcos de luz dramáticos, com uma iluminação muito forte, podem distorcer as formas. Além disso, o contraste entre luz e sombra incomoda porque, cada vez que o olho muda de uma área clara para uma escura, ou vice-versa, tem que se readaptar à nova condição. Surge então a fadiga visual, mas o contrário também pode ser problemático. Ambientes com pouco contraste tendem a ser monótonos demais. Os objetos perdem volume, e o espaço fica como um dia nublado: chato e cansativo. O ideal é o equilíbrio entre os extremos.

São várias as possibilidades para se ter luminosidade: lustres, apliques, trilhos, abajures, arandelas e pontos de luz. A iluminação deve ser distribuída para se obter conforto e equilíbrio. Como o assunto é amplo e específico, um bom começo é conhecer os tipos de iluminação existentes no mercado e suas funções.

Dicas

Poucas pessoas sabem usar a iluminação de maneira efetiva, como um elemento para dar amplitude aos espaços e destacar detalhes. Com alguns pequenos truques, é possível tornar os ambientes mais agradáveis e até economizar energia.

Para iluminar um ambiente, o primeiro passo é fazer uma análise de sua função, estilo, atividades ali realizadas, objetos a ser destacados e clima desejado. Depois é preciso decidir o tipo de iluminação (natural ou não) e, finalmente, escolher as lâmpadas (verifique nas lojas especializadas os vários modelos disponíveis) e luminárias corretas (vale pesquisar em lojas e revistas de decoração).

A iluminação geral define o espaço e o torna visualmente confortável. Quando é direcionada, ilumina melhor os planos de trabalho (mesas, bancadas e balcões).

Para ter iluminação indireta, é preciso lançar mão de colunas, abajures ou arandelas. Ela proporciona conforto visual, na medida em que clareia paredes e teto.

A iluminação de tarefas é usada em áreas onde se realiza algum tipo de atividade específica (ler, escrever, cozinhar, lavar, jogar etc.), mas a colocação da luminária requer alguns cuidados, para que não produza sombras nem atrapalhe a atividade. Para ler e escrever, em geral utiliza-se luz bem difusa e abundante, vinda por cima dos ombros ou pela lateral.

Considere o tipo de lâmpada. As fluorescentes de modo geral, inclusive as eletrônicas, geram pouco calor, produzem mais luz e duram mais que as incandescentes. Geralmente são usadas quando o ambiente requer grande quantidade de luz, com uso contínuo e ininterrupto, o que costuma significar salas, quartos, cozinha e área de serviço. No entanto, as lâmpadas fluorescentes não foram pensadas ecologicamente. Melhor optar por luz de LED sempre que possível.

Não confunda luz fria e luz quente. Elas são assim chamadas pela aparência da fonte de luz, que pode ser mais azulada ou mais amarelada, e não pela temperatura.

As lâmpadas fluorescentes são mais conhecidas como fontes de luz fria, e as incandescentes, como fontes de luz quente. Em geral, a luz fria é indicada para a área de serviço e a cozinha, e a luz quente para realizar tarefas mais amenas, como leitura, e principalmente para repouso e relaxamento.

Identificados os tipos de iluminação, o próximo passo é pensar nas atividades de cada ambiente. Na sala de estar, por exemplo, pode-se ter uma luz principal vinda de lustre, plafon ou pendente, a qual pode ser complementada pela luz indireta de abajures e colunas. O jogo de luzes e sombras amplia o espaço e forma cenas distintas no mesmo ambiente, tornando-o mais interessante.

No quarto, é bom evitar luminárias que deixem as lâmpadas aparentes, pois a luz advinda delas pode incomodar quem estiver deitado. Utilize luz de leitura próxima à cama, com abajur, arandela ou coluna com luz direcionada.

Na sala de jantar, convém colocar uma luminária pendente no centro da mesa, para destacar qualquer elemento que esteja sobre a superfície horizontal. A luz geral pode ser controlada por dimmers (modeladores de intensidade), de acordo com a ocasião.

Cuidado com a iluminação do espelho do banheiro. A luz deve ser de cor quente e envolver todo o ambiente, para iluminar o rosto por igual e não produzir sombras. Deve ser aplicada preferencialmente nas laterais do espelho e não no topo, como é mais comum.

Em escritório com computador, assim como na sala de TV, é importante não permitir que focos de luz sejam refletidos na tela. Por isso, o mais indicado é que a luminária esteja atrás ou ao lado do aparelho, ou então no fundo do ambiente, em posição oposta à tela. Quando a atividade é mudada, a luz principal pode ser acesa.

QUERIDO LEITOR,

Foi um prazer estar com você durante a jornada deste pequeno livro. Espero que ele tenha lhe despertado a vontade de conhecer mais e mais sobre esse mundinho à parte chamado decoração. E que sua cabeça esteja fervilhando de ideias e pronta para pôr em prática a nova decoração de sua casa.

E eu, de coração, desejo que essa arte, que reúne tantas outras, tenha aberto em você uma possibilidade rumo a novas realizações, como o desenvolvimento de pinturas decorativas, mosaicos, aplicação de tecidos e adesivos, pesquisa sobre móveis e peças de design e estilo. Se isso ocorreu, com o passar do tempo e dedicação, outras portas surgirão, repletas de cultura, beleza e criatividade. Foi o que aconteceu comigo.

Até breve em algum evento ou loja de decoração!

BIBLIOGRAFIA

Creating a Home. Londres: Ward Lock, 1988.

Farina, Modesto. *Psicodinâmica das cores em comunicação*. São Paulo: Edgard Blücher, 2000.

Gombrich, E. H. *A história da arte*. Rio de Janeiro: LTC, 1999.

Gomes Filho, João. *Design do objeto: bases conceituais*. São Paulo: Escrituras, 2006.

Mancuso, Clarice. *Arquitetura de interiores e decoração: a arte de viver bem*. Porto Alegre: Sulina, 1998.

Mascarenhas, Alayde Parisot. *Arte e decoração de interiores*. Rio de Janeiro: Edições de Ouro, 1979.

GLOSSÁRIO

Aplique: ornamento colocado na parede.

Arandela: suporte instalado na parede para colocar vela ou lâmpada.

Baldaquino: espécie de dossel (armação de madeira sobre a cama) com cortinas.

Blackout: espécie de forro para cortina que impede a passagem da luz.

Cantoneira: móvel para ser usado no canto da parede.

Centro de mesa: peça para colocação no centro da mesa.

Cooktop: fogão de mesa de última geração.

Corian: superfície sólida fabricada por indústria para ser usada como tampo de bancada ou parede. Marca registrada.

Cortina rolô: quando a cordinha é puxada, ela enrola ou desenrola.

Cortina romana: cortina feita em módulos estruturados separados por varetas.

Cortina romântica: feita com babados, laços ou outros enfeites.

Donzela: antigo suporte vertical de cristal para colocação da vela acesa. Serve para proteger a chama do vento.

Enquadramento: recorte feito por filetes de madeira que delimita um espaço em um móvel.

Limestone: rocha natural que origina o mármore.

Pano de vidro: sistema construído por painéis de vidro que se assemelha a uma cortina.

Pendente: haste pendurada no teto com cúpula e lâmpada.

Perfumeiro: espécie de vidro de perfume com vaporizador, usado para decoração.

Plafon: luminária de teto ou de parede que embute lâmpada.

Ponto de luz: local onde é instalada uma lâmpada ou spot.

Prega macho: dobradura que fica na parte superior da cortina e confere caimento ao tecido.

Salva: espécie de bandeja.

Seagrass: espécie de fibra sintética usada em tapetes.

Silestone: rocha industrial com cor diferenciada e não comparada a qualquer pedra natural. Marca registrada.

Spot: tipo de lâmpada ou de suporte para lâmpada.

Trilho (de luz): caminho ou suporte metálico horizontal onde são instalados os pontos de luz.